누구나 한 번은 리더가 된다

누구나 한번은

리더십 다이어리

리더가 된

최익성 · 박성우

다

plan b
DESIGN

차례

PART 1

리더는 리더의 일을 해야 한다
LEADER & TEAM

CHAPTER 1
리더가 된다는 건

CHAPTER 2
리더의 동력 : 동기 부여와 실행력

PART 2

리더십은 사람의 마음을 움직여
결과를 만들어 내는 힘이다
MOTIVATION

CHAPTER 3
하데스 언덕 정상으로 매일 돌을 밀어 올린
시지프스는 행복했을까?

CHAPTER 4
어디로 갈지 모르는 배는 순풍도 도움이 되지 않는다

CHAPTER 5
일터는 가기 싫지 않은 곳이 되어야 한다

PART 3

리더는 프레임을 만들고
플레이어는 그 안에서 창조한다
EXECUTION

CHAPTER 6
긴급한 일은 중요한 일이 아니다

CHAPTER 7
막을 수 있는 일과 막을 수 없는 일을 구분해야 한다

CHAPTER 8
먼저 도움을 요청하지 않는다고
도움이 필요치 않다는 뜻은 아니다

누구나 한 번은 리더가 된다

리더는 선천적으로 타고나는 것이 아니다. 상황과 경험 속에서 만들어진다. 우리 모두는 살아가면서 누구나 한 번쯤 리더의 자리에 서게 된다. 가정에서는 부모로서, 학교에서, 동료들 앞에서, 회사에서는 팀장으로서, 심지어 친구들 사이에서도 리더십을 발휘해야 할 순간이 온다. 리더십은 특정 직책이나 직위에 국한되지 않고, 일상 속에서 자연스럽게 나타나는 것이다. 이는 곧 리더십이 특별한 사람만이 가지는 능력이 아니라는 의미이다. 누구나 리더가 될 수 있으며, 각자의 위치에서 효과적인 리더십을 발휘할 수 있다.

리더가 된다는 것은 막대한 책임을 지는 동시에 막대한 영향력을 행사할 수 있는 기회를 의미한다. 리더십은 단순히 목표를 달성하는 것에 그치지 않고, 사람들의 마음을 움직이고 그들의 잠재력을 최대한 이끌어 내는 것이다. 현대 사회에서는 강압적이거나 명령하는 방식이 아닌, 이해와 공감을 통해 사람들을 이끄는 리더십이 더욱 요구된다. 이러한 리더십은 신뢰와 존경을 바탕으로 하며, 이는 리더의 역할을 더욱 의미 있게 만든다.

이 책은 리더십의 다양한 측면을 탐구하고, 리더가 갖추어야 할 필수 역량과 자세에 대해 논의한다. PART 1에서는 리더로서의 기본적인 역할과 책임을 다루며, 효과적인 리더십을 발휘하기 위해 필요한 핵심 요소들을 살펴본다. PART 2에서는 사람들의 마음을 움직여 결과를 만들어내는 리더십의 힘에 대해 이야기한다. 사람들에게 동기 부여를 하고, 그들이 스스로 목표를 향해 나아갈 수 있도록 하는 방법을 제시한다. 마지막으로 PART 3에서는 리더가 프레임을 만들고 플레이어가 그 안에서 창조성을 발휘하는 과정을 설명한다. 이를 통해 팀과 조직이 더 큰 성과를 이루어 낼 수 있는 방법을 논의한다.

각 장에서는 실질적인 사례와 구체적인 방법론을 통해 리더십을 체계적으로 배울 수 있도록 구성하였다. 이를 통해 독자들이 각자의 상황에서 리더십을 효과적으로 발휘할 수 있는 인사이트를 제공하고자 한다. 리더십은 이론만으로는 완전하게 이해할 수 없는 분야이다. 실제 사례와 경험을 통해 배우고, 이를 바탕으로 자신의 상황에 맞게 적용하는 것이 중요하다. 이 책에서는 다양한 사례를 통해 리더십의 본질을 이해하고, 실질적인 적용 방법을 제시하고자 한다.

리더십의 첫 번째 요소는 바로 자신을 이해하는 것이다. 자신이 어떤 리더가 되고 싶은지, 어떤 가치와 철학을 가지고 있는지를 명확히 하는 것이 중요하다. 자신을 잘 아는 리더는 타인에게도 더 진솔하게 다가갈 수 있으며, 이를 통해 신뢰를 쌓을 수 있다. 또한, 자신의 강점과 약점을 파악하고, 이를 바탕으로 계속해서 성장해 나가는 것이 필요하다.

다음으로 중요한 요소는 팀원들을 이해하는 것이다. 리더는 팀원들의 개개인의 특성과 강점을 잘 파악하고, 이를 바탕으로 팀을 이끌어야 한다. 팀원들의 다양한 의견을 존중하고, 그들의 잠재력을 최대한으로 끌어내는 것이 리더의 역할이다. 이를 위해서는 팀원들과 열린 소통이 필요하다. 리더는 항상 팀원들의 의견을 경청하고 그들의 생각을 존중하는 태도를 가져야 한다. 이는 팀원들의 동기 부여를 높이고, 팀 전체의 성과를 향상시키는 데 중요한 역할을 한다.

리더십의 세 번째 요소는 비전과 목표를 설정하고 공유하는 것이다. 명확한 비전과 목표는 팀원들이 나아가야 할 방향을 제시하며, 이를 통해 팀원들은 자신의 역할과 책임을 명확히 이해할 수 있다. 또한 비전과 목표는 팀원들의 동기 부여를 높이는 중요한 요소이다. 리더는 팀원들과 함께 비전과 목표를 설정하고, 이를 통해 팀원들이 자신의 역할을 명확히 이해하고, 목표를 향해 나아갈 수 있도록 해야 한다.

마지막으로, 리더는 팀원들의 성장을 도와야 한다. 팀원들이 자신의 잠재력을 최대한으로 발휘할 수 있도록 지원하고, 그들의 성장을 도와야 한다. 이를 위해서는 팀원들에게 지속적인 피드백을 제공하고, 그들이 자신의 강점을 발전시킬 수 있도록 지원하는 것이 필요하다. 또한 팀원들이 실패를 두려워하지 않고, 실패를 통해 배우고 성장할 수 있는 환경을 제공하는 것이 중요하다. 리더는 팀원들이 실패를 통해 배우고 성장할 수 있도록 돕는 역할을 해야 한다.

이 책에서는 동기와 실행이라는 두 가지 주제를 심도 있게 다룬다. 정확하게는 리더에 의한 구성원의 동기 부여, 리더에 의한 구성원의 실행력 유지와 강화 그리고 실행력 저하를 막는 것을 말한다.

두 가지 키워드를 깊게 파고 들어간 이유는 리더십 행동의 핵심이 구성원의 동기와 실행에 있기 때문이다. 조직은 리더들에게 많은 역할을 요구한다. 이를 역할 기대(역할에 대한 기대)라고 말한다. 리더들은 기대에 대한 책임과 부담이라는 양가 감정을 느낀다. 이는 사실이다. 리더에게 부여되는 역할 중 가장 중요한 것은 무엇일까? 역할은 존재의 이유를 의미한다. 리더의 역할은 일에 대한 의미를 부여하고, 그 일이 잘 실행될 수 있도록 도움으로써 성과를 만들어내는 것이다. 결국 성과는 결과이지 행위의 기본이 아니라는 것이다. 물론 성과에 의해 평가받고, 평가하고 있는 것도 사실이다. 성과를 더 올리기 위해서 행동이 필요하다. 행동은 동기가 있을 때에만 일어난다. 그래서 동기 부여와 실행력은 지금 이 시점에서 가장 중요한 키워드이다. 리더십의 기본이기 때문이다. 여기서 출발하고 여기서 끝나는 것이 리더십이다.

　주변을 둘러보자. 삶의 많은 부분에서 일정한 패턴을 발견할 수 있다. 윗사람이 나아진 후에야 아랫사람도 나아진다. 선생님이 나아져야 학생도 나아진다. 이와 마찬가지로 리더가 성장해야 플레이어도 성장한다. 이런 현상은 보편적인 원리이다. 리더가 지위라고 생각하기 시작할 때 태만해지기 쉽다. 배우기를 멈추는 순간 리더로서의 생명도 끝난다. 그래서 '리더십'에 대한 이야기는 긴 여정이다. 이것은 당신 자신을 발견하는 것이며, 당신의 사람들을 진정으로 알게 되는 것이고, 당신과 당신의 구성원들을 성장시키는 것이기에 중요하다.

　이 책이 당신의 리더십 여정에 유용한 동반자가 되기를 바란다. 리더십은 특정한 기술이나 지식만으로 이루어지는 것이 아니라, 끊임없는 자기 반성과 성찰을 통해 발전해 나가는 것이다. 여러분이 이 책을 통해 리더십의 본질을 이해하고, 자신의 리더십을 발전시켜 나가는 데 큰 도움이 되기를 바란다. 리더십은 어렵고 복잡한 주제이지만, 이를 제대로 이해하고 실천할 수 있다면, 여러분은 훌륭한 리더로 성장할 수 있을 것이다. 이 책이 여러분의 리더십 여정에 유용한 가이드가 되기를 진심으로 기원한다.

리더십은
권한과 자리가 아니라
책임과 역할
입니다

부디, 이 책이 대화의 도구로 활용되길

이 책은 대화의 도구이다. 자신과의 대화이며, 플레이어인 구성원과의 대화를 위한 도구이다. 읽고, 쓰는 책이다. 읽고, 실천하고, 쓰는 책이다. 그래서 책이라고 하지만 '리더십 다이어리'라고도 부른다. 독자의 미션은 이 책의 빈칸을 가득 채우는 것이다. 또한 필요한 곳에 밑줄을 긋기도 하고, 본인의 생각을 적기도 하길 권한다. 책의 빈칸을 채우기 위해 준비하는 것, 채우는 과정에서 플레이어들과 더 깊은 대화를 하는 것에 소홀함이 없어야 한다.

'리더십은 대화이다.' 〈하버드 비즈니스 리뷰〉에 올라온 리더십 방법론이다. 세계화와 새로운 기술의 등장으로 상명하복이 아닌 새로운 형태의 리더십이 필요하다. 하버드 경영대학원 교수인 보리스 그로이스버그Boris Groysberg와 소통 컨설턴트 마이클 슬린드Michael Slind는 대화의 리더십을 구축하기 위한 방법으로 네 가지 요소4I, 즉 친밀감Intimacy, (쌍방향) 소통Interactivity, 포용Inclusion, (소통의) 의도Intentionality를 제안한다.

소통하는 리더십을 구축하기 위한 첫 번째 요소는 친밀감이다. 조직 구조, 태도, 혹은 물리적 거리까지 좁히는 건 자유로운 의사 소통의 첫걸음이 된다. 평소에 조직 구성원이 자유롭게 리더에게 다가와 대화할 수 있는 분위기를 조성해야 한다. 이를 위한 몇 가지 세부 방법론으로 첫째, 정말 대화를 하고 싶어 한다는 신뢰가 필요하다. 둘째, 리더는 회의에서 언제 자신의 말을 멈추고 '들어야 할지' 알아야 한다. 직위와 직무에 상관없이 필요한 이야기를 경청한다는 신호가 필요하다. 셋째, 개인적인 피드백을 주는 것도 방법이다.

둘째는 쌍방향 소통이다. 일반적인 조직에서는 리더가 구성원들'에게to' 이야기를 하지 구성원들'과with' 이야기를 하지 않는다. 최근의 소셜 미디어는 리더와 구성원이 이야기할 수 있는 공간을 제공한다. 원하는 대로 분위기와 노출 정도를 조정할 수도 있다. 가장 중요한 것은 이러한 도구를 활용하되 실제 대화가 일어날 수 있도록 문화를 조성하는 것이다.

셋째는 포용이다. 포용은 플레이어들의 직무를 확대해 준다. 플레이어들이 자신들의 일에 주인 의식을 갖고 폭넓게 아이디어를 내고 토론할 수 있도록 영역을 확장시켜 주는 것이다. 이는 회사 홍보에도 도움이 된다. 기존 조직에서 CEO와 전문가가 방에 갇혀 특정 이슈를 고민하고 결론을 내렸다면 회사의 주요 이슈를 일반 구성원에게 공개하여 같이 토론하는 것이다. 이는

'브랜드 홍보 대사'를 양산하는 효과를 낳는다.

직원들이 회사의 상품에 대해 열정을 가지게 되면 이들은 회사 밖에서도 회사 상품에 대해 이야기하며 생명을 불어넣는다. 쥬니퍼 네트웍스의 경우 사내 스타들이 연구실 바깥에서 업계 전문가와 교류하며 오피니언 리더가 되는 것을 지원했는데, 이런 프로그램이 회사를 브랜딩하는 데 도움이 되었다. 회사의 이야기를 책으로 출판하는 등 '이야기를 만들어 내는 것'도 중요한데, 이런 노력들이 쌓이면 좀 더 자유롭게 의견을 개진할 수 있는 분위기를 만들 수 있다.

넷째는 소통의 의도이다. 위의 세 가지가 정보와 아이디어의 흐름을 원활하게 만들기 위한 장치였다면 의도는 이를 실제로 가치 있는 대화로 만들기 위한 과정이다.

모든 대화는 목표를 가지고 있어야 한다. 단순히 지시를 전달하지 않고 비전을 공유하고 왜 해당 업무가 필요한지 모두가 이해할 수 있는 공감대를 형성하겠다는 등 명확한 의도와 목표가 설정되면 조직이 한 방향으로 나아가는 데 도움이 된다.

이 책은 당신이 누군가에게 진정한 리더로 존중 받는 여정을 함께할 것이다. 리더십 여정 중에 플레이어들과 대화를 할 수 있는 도구로서 역할을 할 것이다.

그러니 읽고, 생각하고, 쓰기를 반복하길

그러니 읽고, 계획하고, 실행하고, 회고하기를 반복하길

그리하여 이 책이 너덜너덜해지길

그리하여 당신이 더 건강해지길

그리하여 당신의 조직이 더 단단해지길

응원한다.

리더는

리더의 일을

해야 한다

LEADER
&
TEAM

CHAPTER
1

리더가
된다는 건

1

리더의 힘은 어디서 나오는가?

리더십은 현대 사회에서 중요한 화두이다. 조직의 성과와 흥망성쇠는 그 조직을 이끄는 리더의 능력에 달려 있다. 그렇다면 리더는 태어나는 것인가, 아니면 만들어지는 것인가? 이는 마치 '닭이 먼저냐 달걀이 먼저냐'와 같은 고전적인 논쟁처럼 명확한 결론을 내리기 어렵다. 전문가들도 이에 대한 견해가 각기 다르며, 어느 하나의 주장만이 옳다고 단정 지을 수는 없다.

리더십은 선천적인 요소와 후천적인 노력 모두에 의해 형성될 수 있다. 엘리자베스 여왕이나 찰스 왕세자, 윌리엄 왕자와 같은 왕족들은 태생적으로 리더의 역할을 수행하게 된다. 반면, 많은 사람들은 상당한 노력과 시간을 투자해 리더의 자리에 오른다. 현대 사회에서 선망 받는 리더의 전형적인 모델은 스스로 노력하여 리더가 된 사람들이다. 이는 누구든지 리더가 될 수 있다는 가능성을 보여주며, 리더십의 동등한 기회를 의미한다.

뛰어난 리더가 되기 위해서는 리더십의 핵심 개념부터 이해

해야 한다. 그 첫 번째 핵심 개념은 '책임'이다. 리더십은 철저한 책임을 바탕으로 하며, 리더는 자신의 역할에 대해 명확하게 인식하고 책임을 다해야 한다.

삼성전자 ○○사업부 임원 워크숍에서 리더에게 가장 중요한 것이 무엇인가 대해 논의한 바 있다. 결론은 '뭐야 이게 다야' 싶을 정도였다. '리더에게 가장 중요한 것은 리더십이다'라고 말하고 있었다. 리더십은 리더가 자신의 역할을 잘 수행하기 위해 반드시 갖춰야 할 덕목이다. 사람들은 뛰어난 리더를 보며 '내 능력으로는 도저히 할 수 없는 일들을 어떻게 저렇게 잘 해낼 수 있을까?'라는 의문을 가진다. 그러나 리더십은 선천적인 자질이나 행운에만 의존하는 것이 아니다. 누구나 리더십의 본질을 이해하고 핵심 개념을 발전시키면 뛰어난 리더가 될 수 있다.

리더십의 형성에는 몇 가지 중요한 개념들이 있다. 이를 균형 있게 발전시킨 사람이야말로 성공한 리더가 될 자격을 갖추게 된다. 누구나 리더가 될 수 있으며, 마음을 굳게 먹고 노력하면 훌륭한 리더로 성장할 수 있다. 핵심 개념들을 업무에 적용하다 보면 뛰어난 리더로서의 자질을 발견하게 될 것이다.

리더로서 다양한 모습들이 존재하며, 각각의 리더는 자신의 강점을 살리면서도 조직의 필요와 기대에 부응해야 한다. 이 책을 통해 리더십에 대한 이해를 높이고, 더욱 많은 사람들에게 존경받는 리더가 되길 바란다. 리더의 길을 걷는 과정에서 실수는 피할 수 없다. 그러나 이러한 실수를 학습의 기회로 삼아야 한다. 뛰어난 리더로 성장하기 위해서는 냉철한 분석, 대담한 솔선수범, 맡은 일에 대한 헌신, 자신감 넘치는 태도를 가져야 한다. 이러한 요소들을 충실히 수행한다면, 많은 사람들이 따르는 훌륭한 리더가 될 것이다.

2

리더십이란 무엇인가?

이제 '리더십이란 무엇인가?'라는 질문을 통해 리더십의 정의에 대해 생각해 보겠다. 리더십에 대해 연구한 아티클article이나 논문은 많다. 하지만 글을 읽는다고 해서 리더십을 정확히 정의하기는 어렵다. 정의에 정답이 없으며, 다양하게 정의될 수 있기 때문이다. 리더십은 다양한 행동을 포함하며, 조직의 상황과 임직원의 성향에 따라 다르게 해석될 수 있다.

명확하게 기술된 리더십의 정의가 없다는 것은 누구나 리더십을 정의할 수 있다는 의미다. 따라서 잠시 리더십이 무엇인지 고민해 보자. 먼저 나에게 리더십이란 무엇인지, 내 경험과 생각에서 우러나오는 나만의 리더십 정의를 생각해 보자.

리더십의 정의와 리더의 역할과 책임이 모두 다르다면 올바르게 나아갈 수도, 같은 종착점에 도달할 수도 없다. 리더십에 대한 공감대를 형성하고 공통된 언어를 가지는 것이 필요하다. 이는 리더들이 자신의 리더십 상태를 명확히 인식할 수 있도록 비춰주는 거울이 될 것이다.

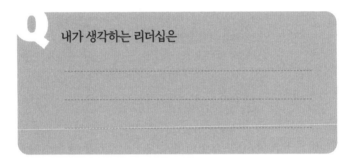

내가 생각하는 리더십은

이것은 시험이 아니다. 그러나 리더십에 대한 올바른 정의와 관점을 가지고 있어야 한다. 리더십이란 무엇인지, 그것이 리더로서 나의 역할과 어떻게 연결되는지, 그리고 지금 우리에게 필요한 이유를 명확히 기술할 수 있어야 한다. "If you don't write it down, it doesn't exist." 즉, 적지 않으면 존재하지 않는다는 의미이다.

리더들은 자신이 하는 일에 대한 전문성과 많은 경험을 갖고 있다. 업무 영역에 대해 설명할 때는 자신감과 자부심이 느껴진다. 그러나 '리더십', '조직 문화', '경영 철학' 등에 대해서는 "그것은 지금 우리에게 필요한 얘기가 아니다"라며 대화를 회피하는 경향이 있다. 이는 자신만의 리더십 정의가 없거나, 기존의 방식과 경험에 갇혀 있기 때문이다. 이는 매우 안타까운 일이다. 다른 사람의 생각이나 의견에 반대하기 위해서는 먼저 원래의 정의를 이해하고, 이를 바탕으로 자신의 생각을 정리해야 한다.

지금 필요한 것은 과거의 패러다임과 방식에 기반한 리더십이 아니다. 시대는 변화하고 있으며, 새로운 세대들이 등장하고 있다. 이 시대에 맞는 리더십이 필요하다.

얼마 전 카페에서 흥미로운 이야기를 들었다. 한 회사의 본부장이 팀장을 대상으로 리더십에 대해 코칭하고 있었다. 그 내용은 다음과 같았다.

"나는 회사가 얘기하는 리더십이 뭔지 모르겠고, 넌 팀장이 그런 식으로 하면 안 돼. 무조건 따라오라고 하고, 싫으면 나가라고 해. 너 그렇게 우유부단하면 팀장 하기 어렵다. 나도 예전에 잘해주기도 해봤는데 아무것도 안 되더라고. 특히 요즘 애들은 좀 더 화를 내야 말을 듣는다니까."

그 본부장은 자신이 후배 팀장을 잘 코칭하고 있다고 생각했을 것이다. 그러나 문제는 '리더십의 정의'나 '리더십의 핵심 개념', '인간의 특성에 대한 이해' 없이 자신의 가치관만을 기준으로 얘기하고 있다는 점이다.

조직적이 되어야 한다는 말을 하면서도 이런 우를 범하는 경우가 많다. 조직적이 된다는 것은 조직이 추구하는 방향을 이해하고, 조직이 지향하는 바를 사람들에게 전달할 수 있도록 하는 것이다.

이제 다시 첫 질문으로 돌아가 보자. 리더십이란 무엇인가? 이에 대한 자신만의 답변을 가지기 위해 다섯 명의 리더십 전문가의 정의를 살펴보자.

- 존 맥스웰John C. Maxwell: **"리더십은 사람들에게 영향을 미치는 능력이다. 진정한 리더는 다른 사람들에게 긍정적인 변화를 이끌어 내는 사람이다."**

  출처: Maxwell, J.C. (1993). *Developing the Leader Within You*. Thomas Nelson

- 워렌 베니스Warren Bennis: **"리더십은 비전을 현실로 바꾸는 능력이다. 리더는 사람들에게 영감을 주고, 그들이 자신의 능력**

을 최대한 발휘할 수 있도록 돕는다."

출처: Bennis, W. (1989). *On Becoming a Leader*. Basic Books

- 피터 드러커Peter Drucker: "리더십은 일을 올바르게 하는 것이 아니라, 올바른 일을 하는 것이다. 리더는 방향을 설정하고, 목표를 달성하는 데 필요한 자원을 동원한다."

출처: Drucker, P. F. (1954). *The Practice of Management*. Harper & Brothers

- 제임스 쿠제스James M. Kouzes & 배리 포스너Barry Z. Posner: "리더십은 비전, 영감, 도전, 격려, 그리고 변화를 통해 사람들을 이끄는 능력이다. 리더는 목표를 설정하고, 팀을 동기 부여하여 그 목표를 달성하게 만든다."

출처: Kouzes, J.M., & Posner, B.Z. (1987). *The Leadership Challenge*. Jossey - Bass

- 허시Hersey & 블랜차드Blanchard: "리더십은 상황에 따라 적절한 행동을 선택하고, 이를 통해 팀을 이끌어 나가는 능력이다. 효과적인 리더는 상황에 맞게 다양한 리더십 스타일을 적용할 줄 안다."

출처: Hersey, P., & Blanchard, K.H. (1969). *Management of Organizational Behavior: Utilizing Human Resources*. Prentice Hall

리더십에 대해서 공부하고, 리더십에 대한 책을 읽고, 현장에서 리더십을 연구하고 가르치면서 찾은 리더십에 대한 간단한 정의는 다음과 같다.

> **리더십은
> 사람들의 마음을 움직여서
> 결과를 만들어내는 힘이다.**

리더십은 사람들이 자발적으로 목표를 달성하도록 동기를 부여하는 힘이다. 이러한 리더십은 단순히 명령을 내리는 것이 아니라, 사람들의 마음을 움직여서 그들이 스스로 목표를 향해 나아가게 만든다. 리더십의 본질은 바로 사람들의 마음을 움직이는 데 있다.

사람들의 마음을 움직이기 위해 중요한 두 가지 요소는 권위와 신뢰이다. 권위는 전통적인 리더십의 중요한 요소로, 리더의 지위나 권한을 통해 사람들을 이끄는 것이다. 하지만 현대 사회에서는 권위만으로는 사람들의 마음을 움직이는 데 한계가 있다. 반면, 신뢰는 사람들 사이에 형성된 신뢰 관계를 통해 이루어지는 리더십이다. 신뢰를 바탕으로 한 리더십은 더 깊고 지속적인 영향을 미친다.

　권위의 리더십은 즉각적인 순종을 얻을 수 있지만, 장기적으로는 사람들의 자발성과 창의성을 억제할 수 있다. 이는 사람들이 자신의 의견을 표현하는 데 주저하게 만들고, 결국 조직의 혁신과 발전을 저해할 수 있다. 반면, 신뢰를 기반으로 한 리더십은 사람들의 자발성을 촉진하고, 창의적이고 혁신적인 아이디어가 나올 수 있는 환경을 조성한다. 신뢰를 받는 리더는 사람들이 스스로 목표를 달성하고자 하는 동기를 부여할 수 있다.

　현대 사회에서는 권위보다는 신뢰가 더욱 중요한 리더십 요소로 대두되고 있다. 정보의 접근성이 높아지고, 사람들이 더 많은 선택권을 가지게 되면서, 권위에 의한 리더십은 점차 그 한계를 드러내고 있다. 사람들은 더 이상 단순히 명령을 따르는 것만으로는 만족하지 않는다. 그들은 자신이 존중받고, 자신의 의견이 중요하게 여겨지는 환경에서 일하고 싶어 한다.

　리더에 대한 신뢰는 두 가지로 구분할 수 있다. 실력에 대한 신뢰와 품성에 대한 신뢰이다. 실력에 대한 신뢰는 해당 분야에 대한 전문성을 넘어 통찰력을 가지고 있는지 여부를 말한다. 이는 리더가 단순히 기술적 능력을 넘어, 복잡한 상황에서도 전략적 사고를 통해 문제를 해결할 수 있는 능력을 의미한다. 리더는 직접 무언가를 해내는 것보다 사람들 스스로가 자신의 역량을 최대한 발휘할 수 있도록 코칭하고 필요한 전략을 구사하는 데 중점을 둔다. 이는 리더의 실력에 대한 신뢰를 쌓는 핵심 요소이다.

그에 비해 품성에 대한 신뢰는 그 사람 자체를 인간적으로 좋아하고 존중하는 것을 의미한다. 품성에 대한 신뢰를 유지하는 방법 중 가장 중요한 요소는 일관성이다. 일관성은 말과 말의 일관성, 그리고 말과 행동의 일관성을 포함한다. 리더가 일관된 말과 행동을 보일 때 우리는 그 리더를 신뢰하게 된다. 이는 단순히 리더-플레이어 관계에서만 해당하는 것이 아니라 모든 인간관계에서 중요한 요소이다. 일관성을 통해 신뢰를 얻은 리더는 팀원들과의 관계에서 깊은 유대감을 형성할 수 있으며, 이는 조직의 성과에도 긍정적인 영향을 미친다.

리더십 전문가들은 신뢰를 바탕으로 한 리더십이 조직의 성공에 필수적이라는 점을 강조한다. 예를 들어, 코비는 '신뢰는 리더십의 핵심'[1]이라고 주장하며, 신뢰가 없이는 진정한 리더십을 발휘할 수 없다고 강조한다. 또한, 쿠제스와 포스너는 리더십의 다섯 가지 기본 원칙 중 하나로 '신뢰 구축'[2]을 제시하며, 신

---

1 Covey, S. M. R. (2006). *The Speed of Trust: The One Thing That Changes Everything*. Free Press.

2 Kouzes, J. M., & Posner, B. Z. (2012). *The Leadership Challenge: How to Make Extraordinary Things Happen in Organizations*. Jossey-Bass.

뢰가 리더십의 중요한 구성 요소임을 설명한다.

리더십에서 신뢰의 중요성을 이해하기 위해서는 실력과 품성 두 가지 측면에서 신뢰를 쌓는 방법을 알아야 한다. 실력에 대한 신뢰는 리더가 자신의 분야에서 전문성을 발휘하고, 팀원들이 목표를 달성할 수 있도록 적절한 방향을 제시할 때 쌓을 수 있다. 이는 리더가 단순히 지시를 내리는 것이 아니라, 팀원들이 스스로 문제를 해결할 수 있도록 돕는 코칭 역할을 하는 것을 의미한다. 예를 들어 유클은 '효과적인 리더는 문제를 해결할 때 창의적이고 전략적인 접근 방식을 취하며, 팀원들이 자율적으로 일할 수 있는 환경을 조성한다'[3]고 설명한다.

품성에 대한 신뢰를 쌓기 위해서는 리더가 진정성을 가지고 팀원들과 소통하며, 항상 일관된 말과 행동을 보여야 한다. 이는 리더가 팀원들에게 보여주는 일관된 관심과 배려를 통해 가능하다. 가드너는 '리더가 진정성 있게 행동할 때, 팀원들은 리더를 인간적으로 신뢰하게 되며, 이는 조직 내의 긍정적인 문화를 형성하는 데 중요한 역할을 한다'[4]고 설명한다.

결론적으로, 리더십은 사람들의 마음을 움직여서 결과를 만들어내는 힘이다. 이 힘은 실력과 품성에 대한 신뢰를 기반으로

3   Yukl, G. (2013). *Leadership in Organizations*. Pearson.
4   Gardner, J. W. (1990). *On Leadership*. Free Press.

한다. 현대 사회에서는 특히 권위의 힘보다 신뢰의 힘이 더욱 중요한 리더십 요소로 대두되고 있다. 리더는 자신의 실력을 통해 전략적으로 문제를 해결하고, 팀원들이 자율적으로 일할 수 있도록 돕는 한편, 진정성 있고 일관된 행동을 통해 품성에 대한 신뢰를 쌓아야 한다. 이러한 리더십은 조직의 장기적인 성공과 지속 가능한 성장을 가능하게 한다.

잘못된 신념은 되돌릴 수 없는 사고로 이어진다. 우리의 상황은 항상 바뀐다. 어제는 사실이었던 것들도 오늘은 사실이 아니게 될 수 있는 것이 우리가 현재 살고 있는 사회이다. 비디오 대여점인 블록버스터는 사람들이 끝까지 비디오 테이프로 영화를 볼 것이라고 확신했다. 즉석 카메라 제작 회사인 폴라로이드는 사람들이 늘 사각형 종이에 사진을 찍을 것이라고 확신했다. 1990년대 초반의 대부분의 서점들은 온라인 서점은 성장하지 못할 것이라고 확신했다. 리더십에 대해 가지고 있는 본인의 '신념'을 다시 한번 점검해 보자. 모든 신념은 검토할 필요가 있다.

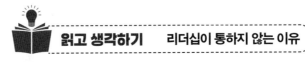

"리더 역할을 하기 쉽지 않네요. 에너지가 예전보다 두 배는 더 드는 것 같아요." 조직의 부서장이나 임원인 기성세대가 심심찮게 토로하는 얘기다. "팀장이 되면 책임만 늘고 피곤해지기만 해요." 리더가 될 기회를 얻은 밀레니얼 세대도 리더 자리를 고사하는 경우도 많다. 무엇이 리더를 힘들게 하고 리더의 자리를 꺼리게 만드는 것일까? 시대가 바뀌었기 때문이다. 컴퓨터, 인터넷, 스마트기기로 대표되는 정보통신IT 기술은 물론 바이오 기술BT, 나노 기술NT과 같은 기술의 진보는 일과 삶의 모든 영역에서 혁명을 일으키고 있다.

지금은 누구나 휴대기기 하나만 있으면 시간, 공간, 비용의 제약 없이 정보를 수집, 편집, 유통할 수 있는 세상이다. 정보의 공유가 보편화되면서 개인과 조직의 투명성과 신뢰성에 대한 요구가 증가하고 있다. 리더에 편중되어 있던 정보가 모든 사람에게 공평해지면서 리더의 권력과 권위는 줄고 플레이어의 힘은 증가했다. 이제 개인의 의사를 표현하고 타인의 생각에 동참하는 문화가 보편적인 일상이 되었다. 조직도 마찬가지다. 상층부에 집중되었던 정보를 구성원들도 공유하게 되면서 정보의 비대칭이 갈수록 줄고 조직의 수평화·투명화를 부추기고 있다.

이제 리더는 권위 뒤로 가린 자신의 능력을 숨기기가 힘들어졌다, 훤히 들여다보이는 유리 안에서 일거수일투족이 공개되어 평가받는 신세가 되었다. 투명성의 증가로 유능한 사람은 빨리 리더가 될 기회를 얻고 있다. 반면 무능한 리더는 쉽게 권력을 잃게 되면서 촉망받는 젊은 직원이 젊은 나이에 임원이 되기도 한다. 직장 내 미투 운동으로 예전 같으면 문제가 되지 않았을 일로 입지가 좁아진 리더 사례를 직접 목격하기도 했다. 리더의 자리는 갈수록 지키기 어려워지고 있다. 리더에게 요구되는 역할과 역량은 늘었지만, 오히려 리더가 가진 힘은 약해지고 있기 때문이다. 리더의 교체 주기도 점차 빨라지고 있다.

리더십과 관련해 놓치지 말아야 할 것이 세대 이슈이다. 2020년을 전후로 베이비붐 세대가 조직에서 퇴임하고 X세대가 임원으로 대체된다. 밀레니얼 세대는 조직의 50~60% 비중으로 조직 대부분을 차지하게 될 것이다. 조직 내 세대 교체는 리더십에도 적지 않은 변화를 가져올 것이 분명하다. 전통 세대나 베이비붐 세대의 전유물과 같았던 상하 관계와 권위주의에 기반을 둔 리더십은 갈수록 설 자리를 잃고 있다. 반면 밀레니얼 세대의 힘이 증가할수록 수평적이고 반권위주의 리더십에 대한 요구가 높아지고 있다. 안착할 때까지는 당분간 혼란이 불가피하다.

그렇다면 새롭게 요구되는 21세기형 리더십은 어떤 모습일까? 하버드대 케네디스쿨 바버라 켈러먼 교수는 <리더십의 종말>에서 이렇게 얘기한다. "리더와 팔로워 사이의 계약은 팔로워들의 환심을 살 수 있는 '카리스마'를 토대로 했다. 이제는 문화와 기술 때문에 카리스마가 지탱되기 어렵다." 이제 카리스마 중심의 수직적 리더십이 아니라 공감하고 포용하는 수평적 리더십이 요구된다. 새로운 리더십의 모습은 리더십도 플레이어십도 아닌 서로 존중하는 '파트너십' 정도가 아닐까 싶다.

새로운 리더십의 요구는 높아지고 있지만, 리더십 교육은 과거의 틀에 갇혀 실패한 리더가 늘어나는 것을 막지 못하고 있다. 정해진 답Text이 있는 스킬 교육Skill Training 중심의 교육으로는 한계가 있다. 리더가 처한 상황과 맥락Context에 맞춰 성찰과 통찰을 끌어내는 교육Art Learning으로 바뀌어야 한다. 지적인 유희 수준에 머물러 있는 리더십 육성의 학습 목표도 한 차원 높여야 한다. 타인의 마음을 훔치는 처세술 관련 지식Head을 습득하는 수준을 넘어서야 한다. 타인의 마음을 얻는 진정성을 공감하고 깨닫는 감성 지능Heart을 높이는 교육이어야 한다.

불확실성 시대가 되면서 리더에게 요구되는 역할과 역량은 예측조차 힘들어졌다. 이제 20세기 구닥다리 리더십으로 젊은 구성원의 마음을 이끌 수 없다. 조직에서 인정받는 리더로 거듭나기 위해서는 새로운 리더십으로 탈바꿈하지 않으면 안 된다. 한 조직에서 훌

류한 리더였더라도 다른 조직에서도 좋은 리더가 될 것이라고 누구도 장담할 수 없다. 조직의 문화나 사회적 맥락에 따라 리더십의 스타일이 유연하게 변화해야 한다. 변화에 민첩하지 못한 꼰대 리더십으로는 조직에서 살아남기 힘들어졌다. 그동안 옳다고 믿었던 리더십에 대해 근본적인 의문을 던져야 한다.

3

리더의 책임과 역할은 무엇인가?

탁월한 조직의 중요한 특징 중 하나는 리더와 플레이어 간의 관계이다. 리더십과 플레이어십이 상호 작용하며 훌륭한 조직을 만든다. 리더는 플레이어의 권리를 중요하게 여기고, 플레이어는 자신의 의무를 올바르게 인지한다. 그러나 문제가 발생하는 조직은 정반대의 모습을 보인다. 리더는 플레이어의 의무만을 강조하고, 플레이어는 자신의 권리만을 주장한다. 이로 인해 리더는 플레이어의 플레이어십을, 플레이어는 리더의 리더십을 탓하게 된다. 서로를 탓하기만 하면 문제의 책임은 누구에게 있는가? 리더인가? 플레이어인가?

조직의 문제는 일방적으로 리더 혹은 플레이어의 잘못이라고 단정 짓기 어렵다. 그러나 책임을 논할 때, 리더의 책임이 더 크다고 할 수밖에 없다. 리더는 결국 책임을 져야 하는 자리이기 때문이다. 많은 리더들이 권한은 없고 책임만 많다고 불평하지만, 리더에게 주어지는 것은 먼저 책임이다. 대통령이나 공무원의 선서문에도 '어떠한 권한이 있으니 나를 따라야 한다'가 아닌 '나는 어떠한 책임이 있고 이 책임을 다할 것이다'라고 적혀 있다. 리더가 된다는 것은 큰 책임을 지는 것이다.

조직의 일원으로서 누구에게나 자신의 역할과 책임R&R이 있다. 그러나 리더가 되면 이는 책임과 역할Responsibility & Role로 바뀐다. 리더가 되면 책임이 더 커지기 때문이다. 책임을 지는 것은 누구나 피하고 싶어 하지만, 하고 싶지 않은 일을 하는 것이야말로 리더의 중요한 덕목이다. 플레이어도 결국 책임을 지게 되며, 이는 단지 시기의 문제일 뿐이다.

리더가 모든 일을 책임져야 하는 것은 아니다. 리더에게 슈퍼맨이나 슈퍼우먼이 되기를 요구하는 것도 아니다. 리더는 모든 일을 혼자서 처리하는 홍길동이 아니다. 중요한 것은 리더십 단계에 따라 리더의 책임과 역할이 달라진다는 것이다. 본부장은 본부장의 일을, 팀장은 팀장의 일을 해야 한다. 상위 단계의 리더일수록 실무적인 일처리보다는 관리에 더 많은 시간을 할애해야 한다.

> **Q** **리더의 책임과 리더의 역할이 무엇인지 구분하여 본인의 생각을 적어보라.**
>
> • 내가 생각하는 리더의 책임은?
> _____
>
> • 내가 생각하는 리더의 역할은?
> _____

다음 글을 읽어보자.(팀장급)

 파트장 역할을 맡고 있던 최 책임은 최근 그가 속한 영업 본부의 팀장으로 승진했다. 최 책임은 언제나 뛰어난 영업 사원이었고 그 부서에서는 최고의 문제 해결사였다. 영업 실적이 남보다 우수했기 때문에 승진할 수 있었다. 그러나 팀장이 된 후에도 최 팀장은 지난 1년 동안 자신이 파트장이었을 때 사용한 즉각적인 문제 해결 방식을 고수했다. 최 팀장은 기존 방식이 편했다. 하지만 팀장이 된 후 스스로 문제를 해결하는 그의 업무 가치는 오히려 리더십을 발휘 못 하게 하는 방해물이 되고 말았다.

스스로 문제를 해결하는 방식이 구성원과의 소통을 막았고 독단적인 의사 결정으로 이어졌다. 구성원의 동기는 저하되었고 심지어 최 팀장은 어떤 일을 구성원에게 주면 자신도 그들과 경쟁 상태에 있다는 생각을 하게 되었다. 이것이 구성원들에게 심리적인 압박감을 주었을 뿐 아니라 팀원 모두의 시간을 낭비하게 했다.

위 예시의 최 팀장처럼, 실무자로서 역량이 좋아 리더의 위치에 빠르게 올라간 사람이 하는 흔한 실수는 리더가 되어도 일하는 방식이 신임 책임 시절의 방식과 전혀 바뀌지 않는 것이다. 최 책임은 자신 스스로 문제를 해결하는 능력에 의존하기보다는 업무 계획을 짜고, 거기에 맞게 구성원에게 업무를 배분하고, 목표를 설정하고, 구성원들에게 피드백을 주는 법을 배워야 한다.

두 번째 사례.(본부장급)

사례 2 최근 영업 본부장으로 승진한 홍 상무는 이제까지 매우 적극적이고 공격적인 자세로 새로운 바이어를 찾아냈고 바이어와의 일대일 교류를 위해 상당한 시간을 투자했다. 홍 상무의 매출액은 그룹 목표치를 항상 넘어서곤 했다. 그러나 영업 본부 책임자가 된 홍 상무는 여러 가지 문제에 봉착하게 되었다. 그는 자신이 기존까지 해오던 일과는 다른 일을 하는 생산 본부나 디자인센터 사람들과 의사 소통 하는 데 어려움을 느끼고 있다. 그는 왜 영업-영업, 영업-생산, 영업-디자인 본부 간 갈등이 일어나는지 알 수 없었다. 이해하더라도 특별한 해결책을 제시하지 못하고 있는 실정이다. 일을 제대로 수행하지 못하는 자신의 능력에 당황한 홍 상무는 본인 특유의 경험을 바탕으로 예전처럼 '밀어붙이기로' 결심했다. 자신의 장점인 바이어와의 관계를 더욱 강화하는 데 힘을 쏟음으로써 다시 갈등 없는 안전 지대로 되돌아왔지만 고객 관계 강화는 현재 리더로서 그가 해야 할 다양한 역할 가운데 하나일 뿐이었다. 홍 상무는 전에 한 번도 다기능 팀의 리더인 적이 없었기 때문에 각 기능별 부서들의 역할을 제대로 파악하지 못했고 회사의 성공에 대한 그들의 기여도를 제대로 평가하지 못했다.

위 예시의 홍 상무가 현재 리더의 자리에서 성공하기 위해서는 업무 자체에 매달리기보다는 보다 전략적인 관리자가 될 필요가 있다. 이처럼 리더는 리더의 일을 함으로써 주어진 책임을 다해야 한다. 따라서 훌륭한 리더는 한 단계 높은 리더로 전환할 때마다 과거에 중요하게 생각했던 것 또는 과거의 방식에 대해 가지고 있던 시각을 버리고 새 직책에서 내가 맡은 책임과 역할은 무엇인지 스스로 고민해 보아야 한다.

현재 나의 리더의 위치에서 내가 맡은 책임과 역할은 무엇인가?

• 리더로서 내가 감당해야 하는 책임은

• 리더로서 내가 해야 하는 역할은

무조건 착한 리더여야 한다는 뜻은 아니다. 마음이 약해 구성원의 잘못을 지적하지도 다른 부서로 이동시키지도 혹은 조직을 내보내지도 못하는 리더가 있다. 리더는 구성원의 잘못을 명확히 피드백하고 조치해야 하는 책임이 있다. 의사가 암 환자의 마음이 상할까 염려되어 감기약을 처방하는 것이 옳은 일인가? 가슴 아픈 소식이라도 약이 아니라 수술이 필요하다고 환자의 상태를 명확하게 전달해 주는 것이 오히려 환자를 위하는 일이고 의사가 가지는 책임이다. 이처럼 구성원에게 때로는 쓴소리를 하는 것이 구성원을 진정으로 위하는 일이 될 수 있다. 적재적소에 구성원을 배치하는 것은 생각보다 어렵다. 주어진 일을 제대로 해낼 수 있는 역량과 경험을 가진 구성원이 누구인지 먼저 파악하고 일을 맡겨야 한다. 이렇게 일을 맡기는 것은 누구나 리더가 되면 곧 익숙하게 해내게 되지만, 정말 중요한 것은 기업의 경영 철학과 일 처리 방식에 적합한 구성원을 찾아내는 것이다. 한 단계 더 깊은 측면에서 구성원을 파악하는 것은 관리자로서 리더의 업무 효율을 높이는 데 중요한 요인이 된다.

앞의 두 사례에서처럼 특정한 책임을 다하는 행동은 리더가 리더의 자리에 올라갔다고 할 수 있는 것이 아니다. 자리가 리더를 만드는 것이 아니라 결국 리더를 리더답게 만드는 것은 리더의 자질이기 때문이다. 리더의 자질을 가진 리더만이 진정한 리더가 될 수 있다.

여기서 말하는 '자질'이란 리더에게 부여된 책임과 역할을 다하는 과정 속에서 리더가 개발한 역량과 태도를 일컫는다. 리더십은 권위나 자리가 아니라 책임과 역할이다. 권위만을 내세우고 책임을 회피하는 리더가 되지 않아야 한다. '왕이 되려는 자, 그 왕관의 무게를 견뎌라'라는 말처럼 리더가 되려는 자는 결국 책임의 무게를 견뎌야 한다.

그렇다면 리더에게 주어지는 책임이란 무엇일까? 리더는 두 가지 책임을 감당해야 한다. 업業을 기준으로 업의 안정에 대한 책임, 업의 성장에 대한 책임을 가져야 하는 사람이 리더이다.

리더에게 주어지는 책임은 매우 중대하고 다차원적이다. 리더는 조직의 운명을 좌우하는 중요한 위치에 있기 때문에, 다양한 측면에서 책임을 져야 한다. 앞서 언급한 업의 안정과 성장이라는 두 가지 책임은 모든 리더가 반드시 명심해야 할 기본적인 사명이다.

첫째, 업의 안정에 대한 책임이다. 업의 안정은 조직의 지속 가능성과 직결되며, 이는 리더의 리더십과 직접적으로 연결된다. 리더는 조직 내부의 안정성을 유지하기 위해 신중한 결정을 내려야 한다. 이는 자원의 효율적 관리, 재무 안정성 확보, 내부 갈등 조정, 그리고 직원들의 심리적 안정감을 포함한다. 또한 리더는 조직이 예측 불가능한 외부 환경 변화에 적응할 수 있도록 준비시켜야 한다. 이를 위해 리스크 관리 시스템을 도입하고, 비상 상황에 대비한 대응 계획을 세워야 한다. 이러한 안정적인 기반이 마련되어야만 조직은 장기적으로 지속 가능하게 성장할 수 있다.

둘째, 업의 성장에 대한 책임이다. 조직의 성장은 리더의 비전과 전략적 사고에 크게 의존한다. 리더는 조직의 성장 잠재력을 극대화하기 위해 지속적으로 혁신과 변화를 추구해야 한다. 이는 신제품 개발, 시장 확장, 기술 혁신, 그리고 인재 개발 등의 다양한 방면에서 이루어질 수 있다. 리더는 미래를 내다보는 통찰력을 바탕으로 조직의 방향성을 제시하고, 목표를 설정하며, 이를 달성하기 위한 구체적인 전략을 마련해야 한다. 또한 리더는 직원들에게 동기 부여를 주고, 그들의 역량을 최대한 발휘할 수 있는 환경을 조성해야 한다. 이러한 성장을 위한 노력은 조직의 경쟁력을 강하게 만들어준다.

리더는 조직의 안정과 성장을 위한 책임을 감당해야 하는 중요한 위치에 있다. 리더의 역할은 단순히 조직을 이끄는 것에 그치지 않고, 조직의 미래를 설계하고, 이를 실현하기 위해 필요한 모든 책임을 다하는 것이다. 이를 통해 리더는 조직의 성공을 견인하고, 더 나아가 조직 전체에 긍정적인 영향을 미칠 수 있다. 리더의 책임감 있고 신중한 리더십이 조직의 지속 가능성과 번영을 보장하는 핵심 요소임을 항상 명심해야 할 것이다.

이 두 가지 책임을 다하기 위해서 리더가 해야 하는 역할은 세 가지가 있다. '일을 완벽하게 만드는 역할', '사람을 관리하는 역할', '미래를 준비하는 역할'이다.

첫 번째, 일을 완벽하게 만드는 역할 Work Excellence**이다.** 리더가 구성원의 일을 더 완벽하게 만들기 위해서는 본인이 겪어보지 않은 분야도 이해해야 할 뿐 아니라 함께 관리해야 한다. 전체적인 차원에서 각 부분이 차지하는 의미까지 제대로 파악하고 있어야 한다. 팀 내부 간, 타 팀 간, 본부 간 협업을 하면서도 회사의 목표라는 거대 논리에 맞춰 리더 자신이 담당하는 영역의 필요 자원을 합당하게 분배받아야 한다. 반면 리더 중 업무의 성과를 놓고 구성원과 경쟁하는 리더가 있다. 혹은 부하 직원의 일 처리가 답답하다고 손수 일을 처리해 버리는 경우도 있다. 구성원이 실수할 때에도 일을 제대로 하는 방법을 가르쳐 주는 대신 스스로 일을 처리해 버린다. 하지만 리더는 개인의 능력에 따라 업무 성과를 얻는 자리가 아니다. 다른 구성원의 업무를 통해 성과를 얻는다고 생각해야 한다. 따라서, 리더가 탁월한 능력을 발휘할 수 있는 일을 안타깝지만 구성원에게 위임하여 구성원이 그 일을 완벽하게 할 수 있도록 지원해야 한다.

구성원이 일을 제대로 하도록 도우려면 우선 구성원을 주의 깊게 지켜볼 줄 알아야 한다. 수동적 관찰이 아닌 적극적 관찰이 필요하다. 그저 자기 사무실 문을 열어 놓거나 마지못해 구성원의 질문에 답변하는 차원을 넘어서야 한다. 구성원에게 어떤 일이 어떻게 진척되고 있는지 관찰하기 위해서는 많은 시간과 노력이 소요된다. 정기적으로 일에 대해 토의하며 업무의 흐름을 파악해야 하기 때문이다. 구성원을 적극적으로 관찰하면 구성원이 일을 효율적으로 완수하는 데 방해가 되는 요소가 무엇인지 어떤 도움이 필요한지 알고 피드백할 수 있다. 현 세대의 구성원은 과거에 상위 리더들이나 알 수 있던 정보까지도 알기를 원하며, 의사 결정 과정에 참여하기를 바라고 업무를 수행하면서도 어느 정도의 재량권을 원한다. 리더가 그들에게 가야 할 방향을 제시한다 해도 방법은 구성원 스스로 선택하고 싶어 할 때가 많다는 것을 유념해 두길 바란다.

두 번째, 사람을 관리하는 역할 Talent Growth**이다.** 구성원을 위해 시간을 내주고, 조언을 하는 등의 일이 모두 리더에게 필요한 것이며 리더는 바로 그런 일들을 책임지고 있다고 생각해야 한다. 더 나아가서 구성원을 위해 일하는 것이 바로 리더 자신의 성공과 직결된다는 생각을 해야 한다. 구성원의 성공, 문제, 실패 등을 자기와 관련된 것으로 생각하지 않고 거리감을 두는 모습은 지양해야 한다. 그리고 구성원이 자기에게 기대하는 것이 무엇인지 구체적으로 알아야 한다. 리더의 권한은 구성원을 동기 부여하고 필요한 것을 지원해 주는 데에 쓰이는 것이지, 구성원으로 하여금 무력감을 느끼게 하거나 의욕을 상실하게 하라고 주어진 것이 아니다. 성과가 생기면 리더 자신의 공이라고 주장하고 문제가 발생 시 구성원의 탓만 하는 리더가 되지 않아야 한다. 사람을 관리하는 역할은 인재를 성장Talent Growth시키는 역할이라고도 할 수 있다.

세 번째, 미래를 준비하는 역할Value Creation이다. 자신이 속한 조직이 미래를 준비하기 위해서는 고객에게 새로운 가치를 제공할 수 있어야 한다. 이를 위해서는 고객의 니즈를 올바르게 파악하고 고객을 만족시키는 것이 필요하다. 새로운 고객 가치를 창출하기 위해서 필요한 것이 '전략적 의사 결정'과 '협업'이다. 단순히 단기적인 관점이 아닌 장기적인 관점에서 다양한 대안들을 탐색하고 전략적으로 선택과 집중하는 의사 결정이 필요하다. 자신이 관리하는 영역뿐만 아니라 회사 전체의 목표 달성을 위해 자신의 영역이 어떤 기능을 수행해야 하는지 알아야 한다. 리더 자신이 내리는 결정 하나가 자신의 영역뿐만 아니라 회사 전체에 영향을 미친다고 생각하는 리더는 흔치 않다. 고객 가치를 창출하기 위해서는 계속하던 일을 혼자 하는 것이 아니라 새로운 집단과의 협업이 필요하다. 새로운 외부 비즈니스와의 협업을 통해 자신이 관리하는 영역이 경쟁 기업의 영역보다 경쟁력을 갖추도록 창의적인 전략을 수립해야 한다. 상위 리더는 하위 리더와 똑같은 시각으로 직접 얼굴을 맞대고 장기적 사업 전략을 세우는 일이 무엇보다 중요한 책무(매출만을 중요하게 생각하는 것이 아니라)이며 이 일을 위해 많은 시간을 할애해야 한다. 그러기 위해서는 같은 업계 혹은 다른 업계 리더들과의 네트워킹도 아낌없이 시간을 내주는 등의 활동이 필요하다.

이렇게 리더가 미래를 준비하지 않으면 업무 성과는 뛰어나지만 정작 중요한 일을 하지 않고 있는 것과 같다. 예를 들어 영업 관리자가 영업 사원들 관리는 하지 않고 자신이 열심히 영업 업무를 한다고 가정해 보자. 영업 사원과 리더 모두 적극적으로 영업을 한다고 해도 정작 중요한 일은 하나도 안 되고 있는 것이다. 영업 사원들은 신규 바이어를 창출하거나 팔기 어려운 제품을 팔려는 시도는 하지 않을 가능성이 크기 때문이다. 단기적으로는 같이 영업에 몰두함으로써 눈에 보이는 성과가 있을지 모르지만 지속적 성과를 위한 토대를 마련하는 일은 아무도 하지 않고 있는 것과 같다.

리더가 중요하게 생각해야 하는 역할은 이상과 같이 일을 완벽하게 만드는 역할Work Excellence, 사람을 관리하는 역할Talent Growth, 미래를 준비하는 역할Value Creation과 같이 세 영역으로 나눌 수 있다. 그러나 정말 중요한 것은 역할을 세 영역으로 단순히 구분하는 것이 아니다. 리더 스스로가 현재 자신의 위치에서 중요하다고 생각하는 역할이 무엇인지 인식하고 관심을 기울이는 것이 더 중요하다. 플랜비디자인이 2017년부터 조사한 120개 기업, 2만 5천 개의 데이터를 검토해보면 리더들이 평균적으로 인식하고 있는 리더의 역할 비중은 '일을 완벽하게 만드는 역할Work Excellence 54%', '사람을 관리하는 역할Talent Growth 27%', '미래를 준비하는 역할Value Creation 19%'이다. 반면 플레이어가 기대하는 리더의 역할은 각각 Work Excellence 27%, Talent Growth 42%, Value Creation 31%였다. 이것을 통해 알 수 있는 것은 분명 리더 스스로가 인식하는 역할과 구성원이 기대하는 역할의 비중이 다르다는 것이다. 플레이어는 리더가 세 가지 역할을 균형 있게 수행하기를 기대하고 있다.

리더의 역할에 대한 리더의 인식과 구성원의 기대 차이를 좁히려면 어떻게 해야 하는지, 그리고 나는 현재 리더로서 어느 역할에 더 많은 가치를 두고 있는지, 일주일간 내가 가장 많은 시간을 할애하는 일이 무엇인지 점검해 보도록 하자.

아래 질문들에 대하여 답변해 보기 바란다.

1 나는 어떤 역할에 가치를 두고 있나요?

2 시간을 얼마나 투입하고 있나요?

역할	생각(%)	실제(사용 시간)
Work Excellence		
Talent Growth		
Value Creation		

3 기대차이를 좁히기 위해서는 어떻게 해야 할까요?

경영자의 목소리

우리 회사의 경우 아직도 리더들이 단기성과의 중
요도가 매우 높고, 지금 하는 일에 대한 관리와 더
불어 단기성과 달성과 관리가 리더의 역할과 책임
이라는 인식이 높습니다. 이를 어떻게 변화시키거
나 인식의 변화를 유도할 수 있을지 고민 됩니다.

– S그룹 임원단 워크숍 중

누구나 한번은 리더가 된다

4

리더가 반드시 해야 할 일은 무엇인가?

팀의 선수가 공을 못찬다고 감독이 대신 들어가서 뛰는 경우는 없다. 그건 반칙이다. 리더는 리더의 일을 해야 한다. 리더는 플레이어의 플레이를 가로채서는 안 된다. 리더라면 마땅히 해야 할 일을 리더의 역할을 중심으로 제시한다.

책임을 다하기 위해서는 일을 완벽하게 만드는 역할, 사람을 관리하는 역할, 미래를 준비하는 역할 등 세 가지를 해야 한다. 우리는 언제나 현재에 발을 딛고 미래를 생각해야 한다. 그래서 우리는 항상 과거 지향적인 리더십이 아니라 현재와 미래 지향적인 리더십에 대해서 생각해야 한다. 과거에는 하지 않았어도 괜찮았던 행동들을 점점 요구받고 있다. 그리고 이것은 당연한 일이 되었다. 이것이 리더의 책임이기 때문이다.

자신에게 권한이 없다고 말할 수 없다. 플레이어들을 보라. 플레이어들은 리더들이 자신보다 권한도 능력도 많다고 생각한다. 리더십은 권한이 있고 없고를 얘기하는 영역이 아니라 책임의 영역이다. 리더로서 책임을 다하기 위해 필요한 세 가지 역할에 대해서 언급했다. 역할 수행 과정에서 꼭 해야 할 일을 각 역할별로 선정했다. 이후 각 역할별로 선정된 모든 일을 취합해 '리더의 일'로 이름 붙였다.

다년간 리더십에 대해서 연구하면서 리더의 일 리스트를 30개 도출했다. 그리고 기업의 CEO, HR 임원, 리더십 교육 실무자, 리더십 전문가들과 미팅 또는 개별 심층 인터뷰를 통해 의견을 수렴했다. 이 내용들을 검토하여 재정립한 결과물이다.

리더의 일 10가지

WORK EXCELLENCE

[무결점] '완벽할 수는 없다'는 생각을 버린다.
[효 율] 중복과 낭비를 제거하고, 반복 업무는 개선한다.
[효 과] 자원 투입 대비 결과를 향상시킨다.(더 가치 있는 일에 집중)
[약 속] 반드시 지킨다.

TALENT GROWTH

[끌어냄] 구성원이 자신의 능력을 최대치로 활용할 수 있게 한다.
[피드백] 면밀한 관찰을 통해 피드백한다.(긍정적/교정적 피드백)
[조 치] 올바른 사람이 올바른 곳에서 올바른 일을 할 수 있도록 한다.

VALUE CREATION

[방 향] 조직의 미래 방향과 우리의 일을 연결한다.
[공 유] 정보를 공유하는 문화를 만든다.
[제 안] 숨은 니즈에 집착하고, 솔루션을 제안한다.

첫째, Work Excellence 하위 요소의 정의와 중요성이다.

무결점	행동 정의	'완벽할 수는 없다'는 사고 방식을 버린다.
	중요성	어떤 실수나 착오가 생겼을 때 우리가 흔히 하는 말은 '사람이 어떻게 완벽해'라는 말입니다. 이 말은 때로 위로의 말이 되기도 하지만 가장 흔한 핑곗거리가 됩니다. 완벽하기 어려운 것이지 완벽할 수 없는 것이 아닙니다. 잘못된 사고 방식을 지양하는 것이 최고를 지향하는 첫걸음입니다.
효율	행동 정의	중복과 낭비를 제거하고, 반복 업무는 개선한다.
	중요성	똑같은 일을 여러 사람이 중복해서 하는 것도, 필요 없는 일로 인해 인적 자원을 낭비하는 것도, 같은 업무를 계속 비효율적으로 반복하는 것도 모두 폐기해야 합니다. 더 나은 업무의 혁신을 위해서 선행되어야 하는 것이 폐기입니다. 버리지 못하면 새로워질 수 없습니다.
효과	행동 정의	자원 투입 대비 결과를 향상시킨다.(더 가치 있는 일에 집중)
	중요성	일이 잘 되게 하기 위해서는 더 가치 있는 일에 집중할 수 있는 시간을 확보하는 것입니다. 우리는 아무나 할 수 있는 일이 아닌 누구도 할 수 없는 일에 집중해야 합니다. 같은 일을 똑같이 하더라도 더 많은 가치를 만들어 내는 것이 중요합니다.
약속	행동 정의	반드시 지킨다.
	중요성	지키지 않아도 되는 약속은 없습니다. 유리할 때는 모든 사람이 약속을 지킵니다. 자신이 불리할 때도 지키는 것이 진정한 약속입니다.

둘째, Talent Growth 하위 요소의 정의와 중요성이다.

끌어냄	행동 정의	구성원이 자신의 능력을 최대치로 활용할 수 있게 한다.
	중요성	본인이 일을 잘하는 것과 구성원을 리드해서 일을 잘하는 것은 전혀 다른 문제입니다. 리더는 결국 본인의 일을 얼마나 잘하는지로 평가받지 않습니다. 얼마나 구성원의 역량을 끌어내서 성과를 냈는지로 평가받습니다.
피드백	행동 정의	면밀한 관찰을 통해 피드백한다.(긍정적/교정적 피드백)
	중요성	구성원은 그냥 피드백에 반응하지 않습니다. 자신을 성장시키는 피드백에 반응합니다. 구성원이 반응하지 않는 피드백을 제시하는 것은 하지 않는 것만 못합니다. 이런 피드백의 시작은 관심으로부터 시작합니다. 관심을 가지면 관찰하게 되어있습니다.
조치	행동 정의	올바른 사람이 올바른 곳에서 올바른 일을 할 수 있도록 한다.
	중요성	리더가 구성원을 방치하는 것은 직무 유기입니다. 누가 어느 곳에서 어떤 일을 하느냐에 따라 구성원의 성과도 확연한 차이를 보일 겁니다. 리더는 결국 더 좋은 방향으로 차이를 만드는 사람입니다.

셋째, Value Creation 하위 요소의 정의와 중요성이다.

방향	**행동 정의**	조직의 미래 방향과 우리의 일을 연결한다.
	중요성	아무리 좋은 지도를 가지고 있어도 목적지와 방향 감각이 없다면 우리는 길을 잃습니다. 조직의 목적지가 어디인지 그 목적지로 향하는 길과 방향이 현재 우리의 위치와 어떻게 연결되어 있는지 알아야 합니다.
공유	**행동 정의**	정보를 공유하는 문화를 만든다.
	중요성	공유해 주지 않으면 알 수 없는 것이 있습니다. 알지 못하면 할 수 없습니다. 정보를 가지고 있는 사람은 임의로 판단합니다. 이 정보가 상대도 알고 있거나 별로 중요하지 않다고 말입니다. 나에게 가치 없는 정보도 남에게는 충분히 가치 있을 수 있습니다. 특히 리더들은 구성원보다 정보의 양적, 질적 측면 모두 우위에 있습니다. 따라서 상대 관점에서 정보 공유가 필요합니다.
제안	**행동 정의**	숨은 니즈에 집착하고, 솔루션을 제안한다.
	중요성	우리는 단순히 보이는 니즈에만 대응하지 않습니다. 숨은 니즈에 대응하고 솔루션을 제공하는 것이 새로운 가치를 창출하는 것과 연결되어 있습니다. 하지만 찾고자, 알고자 집착하지 않으면 숨은 니즈는 발견될 수 없습니다.

각 영역별 한 가지를 선택하길 바란다. 3개월 동안 노력해야 할 것이 무엇인지 체크해보자.

[HOW-TO] 구체적으로 무엇을 어떻게 해야 하는가?

WORK EXCELLENCE

[무결점] '완벽할 수는 없다'는 생각을 버린다.

- 핵심 업무 리스트를 작성한다.
- 실수 리스트 작성하고 원인을 제거한다.
- 완벽해질 때까지 개선한다.

[효　율] 중복과 낭비를 제거하고, 반복 업무는 개선한다.

- 낭비되는 업무와 중복되는 업무를 파악한다.
- 반복되는 업무의 효율성을 높인다.
- R&R을 명확히 하여 중복과 낭비를 제거한다.

[효　과] 자원 투입 대비 결과를 향상시킨다. (더 가치 있는 일에 집중)

- 업무의 중요도와 시급성을 파악하고, 공유한다.
- 핵심 업무 리스트를 작성한다.
- 자원(사람, 비용, 시간)을 선택하여 투입한다.

[약　속] 반드시 지킨다.

- 일의 원칙을 정한다.
- 원칙을 지키지 못하는 원인을 파악한다.
- 원칙을 지키지 못하는 원인을 개선한다.

[HOW-TO] 구체적으로 무엇을 어떻게 해야 하는가?

[끌어냄] 구성원이 자신의 능력을 최대치로 활용할 수 있게 한다.

- 구성원의 강점을 기록한다.
- 강점을 발휘할 수 있는 업무를 배분한다.
- 구성원의 강점을 향상시키고, 업무의 장애 요인을 제거하도록 도와준다.

[피드백] 면밀한 관찰을 통해 피드백한다.(긍정적/교정적 피드백)

- 행동을 관찰 후 구체적으로 기록한다.
- 1:1 피드백 시간을 갖는다.
- SBID(Situation, Behavior, Impact, Desired Outcome) 단계를 활용하여 피드백한다.

[조　치] 올바른 사람이 올바른 곳에서 올바른 일을 할 수 있도록 한다.

- 능력과 의지를 파악한다.
- 유형에 맞는 관리를 한다.
- 필요한 결정을 한다.

[HOW-TO] 구체적으로 무엇을 어떻게 해야 하는가?

VALUE CREATION

[방향] 조직의 미래 방향과 우리의 일을 연결한다.

- 회사와 상사가 지향하는 미래 방향을 기록한다.
- 조직의 미래 방향과 부합하는 본부/팀 미션, 비전을 플레이어와 함께 논의한다.
- 플레이어에게 설명하고 전파한다.

[공유] 정보를 공유하는 문화를 만든다.

- 공유의 범위, 방법 시기를 정한다.
- 암묵지를 매뉴얼화한다.
- 지식 공유 세미나를 개최한다.

[제안] 숨은 니즈에 집착하고, 솔루션을 제안한다.

- 내/외부 고객을 대상으로 1:1 인터뷰를 진행한다.
- 고객의 숨은 니즈를 바탕으로 전략을 수립한다.
- 구체적인 실행 방안을 마련하여 실행한다.

20　년　월　캘린더

내가 관심을 가지고 해야 할 일

....

....

....

....

....

....

....

....

언제 할 것인가

일(日)	월(月)	화(火)	수(水)	목(木)	금(金)	토(土)

20　년　월　캘린더

내가 관심을 가지고 해야 할 일

언제 할 것인가

일(日)	월(月)	화(火)	수(水)	목(木)	금(金)	토(土)

누구나 한번은 리더가 된다

20 년 월 캘린더

내가 관심을 가지고 해야 할 일

언제 할 것인가

일(日)	월(月)	화(火)	수(水)	목(木)	금(金)	토(土)

메모하기   Take Note

If you don't write it down, it doesn't exist.

리더의 동력
동기 부여와 실행력

1

그저 그런 팀은 7가지가 없다

50년(두 저자 합계) 이상 팀에 소속되어 있었고, 팀에 대해 연구하고, 팀을 컨설팅한 경험을 가지고 있다. 특히 최근 10년간 팀 개발 프로젝트를 수행하면서 그저 그런 팀과 탁월한 팀(단단한 팀)의 특성을 정리할 수 있게 되었다.

조직이나 팀의 성공 여부를 결정짓는 중요한 요소는 여러 가지가 있다. 하지만 '그저 그런 팀'은 몇 가지 중요한 요소가 결여되어 있다. 이런 결여는 조직의 성장과 성공을 방해하고, 결국 평범한 성과만 내게 만든다.

그들은,

방향way이 없다.

그저 그런 팀은 명확한 방향이 없다. 조직이나 팀이 어떤 목표를 향해 나아가야 하는지 명확히 설정하지 못하면, 구성원들은 각자 다른 방향으로 움직이며 에너지를 낭비하게 된다. 명확한 비전과 목표 설정은 조직의 통일성과 집중력을 높이는 중요한 요소이다.

전략strategy**이 없다.**

그저 그런 팀은 명확한 전략이 부족하다. 목표를 달성하기 위한 구체적인 계획과 방법이 없으면, 노력은 무의미해질 수 있다. 전략은 목표를 달성하기 위한 로드맵인데, 그 로드맵이 없다면 구성원들은 방향성을 잃고 비효율적으로 일을 진행하게 된다.

규율discipline**이 없다.**

규율은 조직 내에서 일관성과 책임감을 유지하는 데 필수적이다. 그저 그런 팀에서는 이러한 규율이 부재하거나 약하다. 규율이 없으면 업무의 질이 떨어지고, 구성원들이 자신의 역할에 대한 책임감을 느끼기 어렵다. 이는 결국 팀의 성과에 악영향을 미친다.

친밀감friendship**이 없다.**

팀 내에서의 친밀감은 구성원들 간의 협력과 소통을 원활하게 한다. 그러나 그저 그런 팀에서는 이러한 친밀감이 부족하여, 구성원들 간의 갈등이 잦고 팀워크가 약하다. 이는 팀의 생산성과 효율성을 떨어뜨리는 주요 요인 중 하나이다.

신뢰dependability[1]가 없다.

신뢰는 모든 조직의 기초가 되는 요소이다. 구성원들 간의 신뢰가 없다면, 협업이 어려워지고 각자가 맡은 역할을 제대로 수행하지 못하게 된다. 그저 그런 팀에서는 이러한 신뢰가 결여되어, 조직의 성과와 안정성을 저해한다. 이 신뢰는 구성원 각자가 자신이 맡은 바를 제대로 수행해낼 수 있을 것이라는 믿음을 포함한다.

성공 경험success case이 없다.

성공 경험은 구성원들에게 자신감과 동기를 부여한다. 그러나 그저 그런 팀에서는 이러한 성공 경험이 부족하거나 전무하다. 이는 팀의 사기를 저하시켜, 도전적인 목표를 설정하고 달성하는 데 큰 장애물이 된다. 성공 경험이 있다 하더라도 개인의 성공인 경우가 많고, 누군가 좋은 일이나 인정(칭찬/포상 등)을 받을 때 함께 축하하는 것이 아니라 시기하고 질투하며, 심지어 뒷담화를 하거나 편을 가르는 행위가 나타나는 팀도 있었다.

자원resource이 별로 없다.

자원은 조직이 목표를 달성하기 위해 필요한 모든 것을 의미한다. 그저 그런 팀은 대개 자원이 부족하여 필요한 인력, 시

---

1   Dependability는 의존성을 의미하는데 왜 신뢰라고 해석했는지는 탁월한 팀의 특성에서 제시한다.

간, 자금을 효과적으로 확보하지 못한다. 이는 팀이 계획한 일을 원활하게 수행하지 못하게 만들고, 성과를 낮추는 주요 요인이 된다.

그렇다면 탁월한 팀은 어떠했을까?

탁월한 팀은 그저 그런 팀에 없었던 7가지 요소를 가지고 있다. 그들은 그저 그런 팀과 다르게 명확한 목표와 전략을 가지고 있으며, 규율, 친밀감, 신뢰, 성공 경험, 자원을 효과적으로 관리한다. 이러한 요소들이 팀의 성공을 이루는 데 큰 기여를 한다.

그들은,

명확한 방향what & why**이 있다.**

탁월한 팀은 명확한 방향성을 가지고 있다. 이들은 팀의 목표가 무엇인지, 왜 그 목표를 달성해야 하는지 명확히 이해하고 있다. 이는 팀의 모든 구성원이 같은 방향으로 나아가도록 만들며, 조직의 집중력과 동기 부여를 높여준다.

동의된 전략how**이 있다.**

탁월한 팀은 구체적인 전략을 가지고 있다. 목표를 달성하기 위한 방법과 계획이 명확하게 설정되어 있으며, 모든 구성원이 그 전략에 동의하고 있다. 이는 팀이 효율적으로 움직이며, 목표 달성에 필요한 모든 자원을 효과적으로 활용할 수 있게 한다.

단호한 규율이 있다.

탁월한 팀은 엄격한 규율을 가지고 있으며, 모든 구성원이 이를 준수한다. 규율은 팀의 일관성과 책임감을 유지하는 데 필수적이며, 이를 통해 업무의 질과 효율성을 높인다.

친밀함이 있다.

탁월한 팀은 구성원들 간의 친밀감을 중요시한다. 친밀감은 구성원들 간의 협력과 소통을 원활하게 하며, 팀워크를 강화한다. 이는 팀의 생산성과 효율성을 높이는 중요한 요소이다.

실력에 대한 신뢰가 있다.

탁월한 팀은 구성원들 간의 신뢰가 강하다. 구성원들이 서로의 실력을 신뢰하며, 이를 바탕으로 협력한다. 이는 팀의 안정성과 성과를 높이는 중요한 요소이다. 팀에서 서로에게 의존한다 depend는 것은 실력을 믿는다는 것을 의미한다. 내가 경기장에 나가지 못하더라도 우리 팀, 우리 동료들이라면 반드시 좋은 플레이를 하고 이길 것이라는 생각을 가지는 것이 신뢰이다.

그들의 팀으로 성공한 경험이 있었다. 또한 실패를 실패로 남겨두지 않았다.

탁월한 팀은 성공 경험을 가지고 있으며, 이를 통해 자신감과 동기를 얻는다. 실패를 실패로 남기지 않고, 이를 통해 배우며 발전한다. 이는 팀의 사기를 높이고, 도전적인 목표를 설정하고 달성하는 데 큰 도움이 된다. 실수나 실패를 대하는 태도 또한 다르다. 서로 공유하고, 회고하는 문화를 가지고 있다.

자원을 효율적으로 활용했다.

탁월한 팀은 충분한 자원을 가지고 있다. 이는 팀이 목표를 달성하기 위해 필요한 모든 것을 효과적으로 확보할 수 있게 하며, 계획한 일을 원활하게 수행할 수 있게 한다. 충분한 인력, 시간, 자금을 효과적으로 관리하여, 팀의 성과를 극대화한다.

2

가짜 리더는 마지못해 하게 한다

그저 그런 팀을 만드는 데는 리더의 부정적인 역할도 무시할 수 없다. 어떤 리더도 자신의 팀이 잘못되길 바라지 않는다. 그러나 가짜 리더들은 앞에서 제시한 7가지 중 몇 가지를 실패한다. 실패를 하게 되면 가짜 리더는 권위와 통제에 의존해 사람들을 이끈다. 이들은 종종 강압적이고 일방적인 방식으로 리더십을 행사한다. 가짜 리더는 목표를 달성하기 위해 사람들에게 명령을 내리고, 규칙을 강요하며, 따르지 않을 경우 처벌을 통해 두려움을 조성한다. 이로 인해 직원들은 자율성과 책임감을 느끼지 못하고 마지못해 일을 하게 된다.

최근 연구에 따르면, 권위주의적 리더십은 직원들의 동기 부여와 직무 성과에 부정적인 영향을 미친다. 한 연구에서는 권위주의적 리더십이 직원들의 창의성과 조직 시민 행동에 미치는 영향을 분석했는데, 그 결과 권위주의적 리더십은 이들 요소에 부정적인 영향을 미친다고 나타났다.[1] 또한 다른 연구에서는 권위주의적 리더십이 높은 권력 거리를 지닌 조직에서 조차 직원들의 학습 목표 지향성 및 성과에 부정적인 영향을 미친다고 보고되었다.[2]

이러한 리더십 스타일은 직원들이 자신의 역할에 대해 자부심을 느끼지 못하게 만들며, 단순히 임무를 수행하는 데 그치게 한다. 창의성과 혁신이 억제되고, 직원들은 자신의 의견을 표현

---

1 "The Positive Effect of Authoritarian Leadership on Employee Performance: The Moderating Role of Power Distance," *Frontiers in Psychology*, 2023. Frontiers.

2 Guo, et al. (2018). "What We Know About Leadership," *Review of General Psychology*, Vol. 9, No. 2, pp. 169-180.

하는 데 주저하게 된다. 이는 조직의 전체적인 성과와 발전에 악영향을 미친다.

또한, 가짜 리더는 자신의 권위를 유지하기 위해 공정성과 투명성을 희생시키기도 한다. 그들은 자신에게 유리한 정보를 선별적으로 제공하고, 직원 간의 경쟁을 조장하여 분열을 야기한다. 이는 조직 내의 신뢰를 손상시키고, 협력보다는 개인의 생존을 우선시하게 만든다. 결과적으로 조직은 내적 갈등과 불신으로 인해 생산성이 저하되고, 장기적인 성장 가능성이 크게 줄어든다.[3]

이와 같은 리더십의 부작용은 직원들의 직무 만족도 저하와 높은 이직률로 이어질 수 있다. 직원들은 자신의 의견이 존중 받지 못하고, 노력에 대한 보상이 공정하지 않다고 느낄 때, 다른 기회를 찾기 위해 조직을 떠날 가능성이 높아진다. 이는 조직이 지속적으로 새로운 인재를 찾고 교육하는 데 많은 자원을 낭비하게 만든다.

가짜 리더는 권위와 통제에 의존하여 사람들을 마지못해 일을 하게 만드는 반면, 이는 조직의 장기적인 성공과 성장을 저해

3   Hanaysha, J.R. (2023). "Impact of participative and authoritarian leadership on employee creativity: organizational citizenship behavior as a mediator," *International Journal of Organization Theory & Behavior*, Vol. 26 No. 3, pp. 221-236. Emerald Insight.

하는 결과를 초래한다. 가짜 리더십은 단기적인 성과를 목표로 하지만, 결국 조직의 근간을 약화시키고 지속 가능한 성장을 불가능하게 만든다.

3

진짜 리더는 스스로 하게 한다

진짜 리더는 직원들이 자발적으로 자신의 역할을 수행하고, 주도적으로 목표를 달성하도록 동기를 부여한다. 이러한 리더는 신뢰와 존중을 기반으로 하는 리더십 스타일을 추구하며, 직원들의 잠재력을 최대한 발휘할 수 있도록 지원한다. 진짜 리더는 비전을 제시하고, 그 비전에 대한 공감대를 형성하여 모든 구성원이 한 방향으로 나아가게 한다.

진짜 리더는 직원들의 의견을 경청하고, 그들의 아이디어를 존중한다. 이는 직원들이 자신의 의견이 조직에 중요한 기여를 할 수 있다고 느끼게 하여, 자발적인 참여와 혁신을 촉진한다.

또한, 진짜 리더는 피드백을 통해 직원들이 지속적으로 성장하고 발전할 수 있도록 돕는다. 이는 직원들이 자신의 역량을 개발하고, 조직 내에서 더 큰 가치를 창출할 수 있게 한다.[1][2]

또한, 진짜 리더는 공정성과 투명성을 중시한다. 그들은 의사 결정 과정에서 모든 관련 정보를 투명하게 공유하고, 직원들이 조직의 방향성과 목표에 대해 명확하게 이해할 수 있도록 한다. 이는 직원들 간의 신뢰를 구축하고, 협력적인 문화를 조성한다. 이러한 환경에서는 모든 구성원이 자신의 역할을 이해하고, 팀의 성공을 위해 자발적으로 기여하려는 동기가 강화된다.[3]

진짜 리더는 직원들에게 자율성과 책임감을 부여한다. 그들은 직원들이 자신의 일을 주도적으로 관리하고, 문제를 해결하는 능력을 개발할 수 있도록 신뢰를 보여준다. 이는 직원들이 자신감을 가지고 도전적인 과제에 임하게 하며, 성과에 대한 책임감을 느끼게 한다. 자율성은 창의성과 혁신을 촉진하여 조직이

1   "The Impact of Transformational Leadership on Affective Organizational Commitment and Job Performance: The Mediating Role of Employee Engagement," *Frontiers in Psychology*, 2023.

2   "Impact of Transformational Leadership on Work Performance, Burnout, and Social Loafing: A Mediation Model," *Future Business Journal*, 2023.

3   "Transformational Leadership and Followers' Innovative Behavior: Roles of Commitment to Change and Organizational Support for Creativity," *Behavioral Sciences*, 2023.

빠르게 변화하는 환경에서도 유연하게 대응할 수 있게 한다.

진짜 리더는 조직의 장기적인 성공과 지속 가능한 성장을 가능하게 한다. 직원들은 자신의 역할에 대해 자부심을 느끼며, 조직의 목표를 자신의 목표로 삼아 주도적으로 일하게 된다. 이는 조직 전체의 생산성과 효율성을 높이고, 높은 직무 만족도와 낮은 이직률로 이어진다. 진짜 리더십은 조직이 내외부의 도전에 유연하게 대응하고, 지속 가능한 경쟁력을 유지하는 데 중요한 역할을 한다.

진정한 리더십은 사람들에게 스스로 동기 부여를 느끼게 하여, 조직의 목표를 자발적으로 달성하도록 이끄는 것이다. 진짜 리더는 구성원들의 잠재력을 최대한 발휘할 수 있는 환경을 조성하며, 이는 조직의 장기적인 성공을 위한 필수 요소이다.

탁월한 팀과 그저 그런 팀의 차이는 리더의 리더십 스타일과 역할에 크게 달려 있다. 리더가 명확한 방향을 설정하고, 전략을 수립하며, 규율을 준수하도록 이끌고, 친밀감을 형성하고, 신뢰를 구축하며, 성공 경험을 축적하고, 자원을 효과적으로 관리할 수 있다면, 그 팀은 탁월한 성과를 달성할 수 있다. 이러한 리더십의 중요성을 인식하고, 리더로서의 역할을 충실히 수행하는 것이 팀의 성공을 이끄는 핵심이다.

리더는 동기를 부여하며, 실행력을 강화하기 위해 지속적으로 노력해야 한다. 그저 그런 팀에서 벗어나, 탁월한 팀으로 가는 열쇠는 한 사람 한 사람의 동기이다. 그리고 그것이 마음에 머무르는 것이 아니라 행동으로 옮겨져야 한다.

리더에 의한 동기 부여와 리더에 의한 실행력 강화를 위해서 반드시 생각해 봐야 하는 질문들은 다음과 같다.

① 동기는 무엇인가?
② 왜 어떤 사람은 동기가 충만하고, 어떤 사람은 그렇지 못한가?
③ 리더에 의한 동기 부여는 어떻게 이루어지는가?
④ 실행력이란 무엇인가?
⑤ 실행력이 높은 사람과 낮은 사람 사이의 차이는 어디서 오는가?
⑥ 리더에 의한 실행력 강화는 어떤 행동들이어야 하는가?

한 번쯤 해봤을 질문이다. 우리는 이 질문에 대한 솔루션을 함께 탐문하고, 함께 만들어갈 것이다. 이 질문에 대해 효율적으로 접근하기 위해서 네 가지 중요한 전제를 만들었다.

① 행동만이 성과를 만든다.

② 행동은 동기로부터 출발한다.

③ 동기는 사람마다 다르다.

④ 동기 부여 된 리더만이 동기를 부여 할 수 있다.

이 전제에 대한 당신의 동의 수준은 어떤가?

당신이 리더로서 성장하고 도약하기 위해서는 롤모델이 될 만한 탁월한 리더extraordinary leader를 만나 조언을 듣는 것이 필요하다. 그들로부터 조언을 구하기 전에 당신이 먼저 해야 할 일은 당신 자신에게 질문하는 것이다. 먼저 자신에게 적절한 질문을 제기하고 리더로서 올바른 길을 걸어야 탁월한 리더에게 무엇을 물어야 하는지 정확히 알 수 있다.

4

진짜 리더는 금요일 밤에 여섯 가지 질문을 한다

진정한 리더들은 회고를 잘한다. 1주일, 1개월, 분기, 반기, 연간 등으로 구분하여 자신을 돌아본다. 그들은 자기 대화를 통해 스스로를 철저히 평가한다. 특히 일주일을 마무리할 때 스스로에게 질문을 던진다. 여기 그들이 사용하는 여섯 가지 질문을 제시한다. 이 질문들이 당신에게도 큰 가치를 더해 주길 바란다.

동기 부여

	YES	NO
• 구성원들에게 일의 의미를 부여하고 있는가? Are you explaining the meaningfulness of work to your members?	☐	☐
• 구성원들에게 업무 비전을 제시하고 있는가? Are you presenting the vision of members' work?	☐	☐
• 구성원들이 자율적으로 일 할 수 있는 분위기를 조성하고 있는가? Are you creating an atmosphere in which members can work autonomously?	☐	☐

- 세밀한 일 관리를 통해 구성원의 핵심 업무를 체크하고 있는가?
  Are you checking core works of your members with a detailed job management?

- 구성원들이 못 보는 팀내 이슈나 리스크를 예측/대비하고 있는가?
  Are you anticipating or preparing potential risks that members cannot see?

- 구성원의 업무 실행을 지원하고 있는가?
  Are you supporting the work of your members?

핵심 질문을 조금 더 구체적으로 확인하기 위해 우리는 핵심 질문별로 하위 질문을 만들었다. 천천히 읽고 본인의 모습이 어떤지 생각해 보길 바란다.

■ 구성원들에게 일의 의미를 부여하고 있는가?

[하는 Job에 대한 가치 설명]

1 나는 우리 직무의 본질과 가치를 구성원들에게 잘 설명하고 있는가?

[부여된 Task의 의도와 끝 그림에 대한 명확한 설명]

2   나는 구성원에게 부여된 태스크의 의도와 끝 그림을 명확히
    설명하고 있는가?

[개인 가치 존중]

3   나는 구성원들이 중요하다고 생각하는 가치를 이해하고 있
    는가?

[결과에 대한 인정]

4   나는 구성원들의 결과물에 대해서 인정해주는가?

■ **구성원들에게 업무 비전을 제시하고 있는가?**

[조직의 업무 비전·목표 수립 및 동의]

5   나는 내 담당 조직의 비전과 목표를 수립하여 제시했는가?
    그리고 그것에 대한 구성원들의 동의를 이끌어냈는가?

[개인의 경력 목표와 업무 비전 파악]

6   나는 각 개인의 업무 비전과 경력 목표를 정확히 파악하고
    있는가?

7   나는 구성원의 역량과 강점을 파악하고 있는가?

■ **구성원들이 자율적으로 일할 수 있는 분위기를 조성하고 있는가?**

[신뢰유지]

8   나는 구성원들이 능동적으로 일을 완수할 수 있다고 믿고 있는가?

[실패에서 배우기]

9   나는 구성원이 실패로부터 배움을 얻을 수 있도록 돕고 있는가?

[분위기 조성]

10   나는 주저하지 않고 얘기할 수 있는 분위기를 조성하는가?

■ **구성원의 핵심 업무를 체크하고 있는가?**

[맥락 및 핵심 항목 파악] Text vs Context

11 나는 시시콜콜한 간섭보다는 일의 맥락과 핵심 위주로 관리 하는가?

[정기적 점검] 정기적 vs 자기 마음대로

12 나는 충동적·즉흥적이 아니라 정기적·지속적으로 업무를 점검하고 있는가?

[부가 업무 제거]

13 나는 구성원들의 실행력을 높이기 위해 부가적 업무(쓸데없 는 일)를 최소화하기 위해 노력하는가?

■ **구성원이 못 보는 팀내 이슈나 리스크를 예측·대비하고 있 는가?**

[리스크 예측]

14 나는 우리 조직에서 발생 가능한 주요 리스크를 잘 파악하 고 있는가?

[리스크 대비]

15 나는 예측한 주요 리스크에 대한 체계적인 대응 방안을 가지고 있는가?

■ **구성원의 업무 실행을 지원하고 있는가?**

[업무 배분]

16 나는 효율적으로 업무를 배분하는가?

[어려움 파악]

17 나는 평상시 구성원들이 어떤 어려움을 겪고 있는지 파악하는가?

[필요 자원 지원]

18 나는 구성원들의 실행력을 높이기 위해 그들이 필요로 하는 자원을 지원하는가?

리더십은
사람의 마음을 움직여
결과를 만들어 내는
힘이다

MOTIVA-
TION

동기는 모든 실행의 출발이다. 동기 부여가 되어 있는 사람만이 실행할 수 있다. 우리는 늘 성장을 바란다. 하지만 쉬운 일이 아니다. 동기 부여를 2가지 측면에서 살펴볼 수 있다.

첫째는 먼저 스스로 동기 부여가 되어야 한다는 것이다. 타인을 동기 부여하기 위해서는 먼저 스스로 동기 부여가 되어야 한다. 예컨대 팀장이 구성원을 동기 부여 해야 하는데 팀장 스스로는 동기 부여 되지 않는 상황이라고 가정해 보자. 팀장이 구성원들에게 멋진 동기 부여 스킬과 노하우를 발휘한들 스스로는 공허한 마음이 들 것이다. 구성원들 또한 금방 눈치를 챌 것이다. 애초에 팀장 스스로 동기 부여 되지 않으면 구성원을 동기 부여 하는 것은 쉽지 않을 것이다. 스스로 동기 부여 되는 것은 타인을 동기 부여 하는 전제 조건이 된다.

둘째는 바로 타인을 동기 부여하는 것이다. 이는 첫째 조건이 전제가 되었을 때 가능하다. 미래에 대한 간절한 꿈과 미션을 공유하고 조직에 에너지를 불어넣고 구성원을 존중하며 자발적인 참여를 유도하고 구성원의 강점을 발전시켜 성장시키는 리더가 필요하다.

구성원을 동기 부여하는 리더의 행동을 ① 일에 대한 의미 부여, ② 업무 비전 제시, ③ 자율적으로 일할 수 있는 분위기 조성 등 세 가지로 구분하고 있다. 이와 관련하여 던지는 핵심 질문

세 가지는 다음과 같다.

① **구성원들에게 일의 의미를 부여하고 있는가?**

Are you explaining the meaningfulness of work to your members?

② **구성원들에게 업무 비전을 제시하고 있는가?**

Are you presenting the vision of members' work?

③ **구성원들이 자율적으로 일할 수 있는 분위기를 조성하고 있는가?**

Are you creating an atmosphere in which members can work auto-nomously?

〈동기 부여 추천 도서〉

리더들이 필독하면 좋은 추천 도서를 선정하였다. 아래 도서를 읽어 보시길 권한다.

구분	제목	저자
01	최고의 리더는 사람에 집중한다 Why Motivating People Doesn't Work	수전 파울로

하데스 언덕 정상으로 매일 돌을 밀어 올린 시지프스는 행복했을까?

> **하데스 언덕 정상으로
> 매일 돌을 밀어 올린
> 시지프스는 행복했을까?**

이 질문은 고대 그리스 신화에서 비롯된 깊은 철학적 고찰을 요구한다. 시지프스는 제우스를 속인 벌로 영원히 큰 돌을 언덕 정상까지 밀어 올리는 형벌을 받았으나, 정상에 도달하기 직전 돌은 다시 굴러 떨어졌다. 그의 끝없는 노고는 무의미한 반복의 상징으로, 인간 존재의 부조리함을 표현한다.

프랑스 철학자 알베르 카뮈는 그의 에세이 〈시지프스의 신화〉에서 시지프스의 운명을 인간 조건의 메타포로 해석했다. 카뮈는 인간 존재가 궁극적으로는 부조리하며, 삶은 무의미한 반복으로 가득 차 있다고 보았다. 그러나 그는 시지프스의 상황에서 특별한 교훈을 도출했다. 카뮈는 시지프스가 자신의 운명을 받아들이고, 그 과정에서 행복을 찾을 수 있다고 주장했다. 즉, 시지프스는 자신의 운명을 거부하지 않고, 그 부조리한 상황 속에서도 자신의 존재를 긍정할 수 있다. 그의 끊임없는 노동은 결국 그의 선택이며, 그 선택의 자유에서 의미를 찾을 수 있다는 것이다.

시지프스가 행복했는가라는 질문은 단순히 신화적 형벌의 맥락을 넘어서, 인간 존재의 본질적 질문을 반영한다. 현대 사회에서 많은 사람들은 일상 생활에서 반복적이고 때로는 무의미하게 느껴지는 일들을 수행한다. 이러한 맥락에서 시지프스의 이야기는 개인이 자신의 일상 속에서 어떻게 의미를 찾을 수 있는지를 고민하게 만든다. 만약 우리가 우리의 반복적인 일상 속에서 의미를 찾고, 그것을 스스로의 선택으로 받아들일 수 있다면, 우리는 시지프스처럼 그 과정에서 행복을 발견할 수 있을 것이다.

시지프스의 행복 여부는 우리가 삶의 의미를 어디서 찾느냐에 따라 달라진다. 만약 의미를 외부의 성취나 결과에서만 찾는다면, 시지프스의 형벌은 고통스럽고 절망적인 것으로 느껴질 것이다. 그러나 만약 의미를 과정과 그 안에서의 자기 성찰, 그리고 개인의 선택에서 찾는다면, 시지프스는 그의 끝없는 노동 속에서도 자신만의 행복을 찾을 수 있을 것이다.

결국 시지프스의 이야기는 우리가 삶에서 마주하는 부조리와 반복 속에서도 어떻게 의미를 찾고, 그 속에서 행복을 발견할 수 있는지를 성찰하게 만든다. 시지프스는 그 자신의 운명을 받아들이고, 자기 자신을 찾는 과정을 통해 행복을 느꼈을지도 모른다. 이는 우리에게도 동일한 도전을 제시한다. 삶의 반복 속에서 우리는 어떻게 의미를 찾고, 그 안에서 행복을 느낄 것인가? 〈시지프스의 신화〉는 바로 이 질문을 우리에게 던진다.

동기 부여의 첫 번째 주제는 '일의 의미'에 대한 것이다. 정확하게는 리더가 플레이어에게 일에 대한 의미감을 가질 수 있도록 하는 리더십 행동과 관련되어 있다.

/핵심 질문/

구성원들에게 일의 의미를 부여하고 있는가?
Are you explaining the meaningfulness of work to your members?

〈직업의 종말〉에서는 역사적 사례를 비롯해 지난 수십 년 동안 수집된 자료를 통해 인간의 핵심 동기를 다음의 세 가지라고 말한다. 돈money, 자유freedom, 의미meaning이다.

하지만 어느 정도 수준의 물질적 풍요에 도달하면 개인이 추구하는 동기가 급격하게 떨어진다. 따라서 자유와 의미라는, 다른 두 가지 핵심 동기를 찾아야 하는 상황에 이른다. 이 시대에서 자유와 의미는 자신의 모든 시간을 투여하고 난 삶의 후반기로 미뤄야 할 사치스러운 것이 아니다. 자유와 의미를 우리들의 일에 투여해야 한다. 마지못해 했던 일, 직업으로서의 일이 이제는 스스로 선택하는 일로 전환되어야 한다. 노동은 더는 의무가 아니라 추구해야 하는 무엇인가가 되어야 한다고 직업의 종말은 강조하고 있다. 또한 노동은 비효율적인 것이 아니라 삶에 통합된 가장 효율적인 일이 되어야 한다.

그렇다면 리더로서 우리의 역할은 무엇일까? 역할이란 리더가 당연히 해야 할 일이며, 리더가 존재하는 이유이다. 조직에서 리더가 존재하는 이유는 무엇일까? 현직에 있는 리더들에게 물어보면 '성과'를 내기 위해 존재한다고 말한다. 성과는 중요하다. 그러나 리더의 역할을 '성과'에 두는 것은 너무 결론 중심적이다. 리더가 존재하는 이유가 단순히 '성과'에만 있다고 정의하는 것은 리더의 일을 돈을 벌고, 돈을 남기는 것에 국한하는 것이다. 돈은 조직에서 산소와 같은 역할을 한다. 산소가 없으면 살 수 없다. 그렇다고 우리가 숨쉬기 위해서 사는 것은 아니다. 우리에게 음식이 필요한 것은 사실이지만 우리는 먹기 위해 살고 있는 것은 아니기 때문이다. 배고파 본 적이 없어서 그렇다고 할 수 있다. '돈'은 수단이 되는 것이 사실이며, 조직 특히 기업 조직에서 중요한 것도 사실이다. 하지만 숨을 쉬고, 먹고, 자는 것이 삶의 목적이 되지는 못한다.

그럼 리더는 어떤 역할을 해야 할까? 리더는 의미를 부여하는 사람이다. 작든 크든 그 일이 가지는 의미를 설명하고, 동의를 구하고, 지지를 얻어내는 것이 리더가 해야 할 일이다. 사람들은 어떤 일을 할 때 그것이 의미 있다고 생각하면 헌신하고 몰입한다. 헌신과 몰입의 결과는 당연히 성과이다. 우리는 구성원들이 헌신하고 몰입하기를 기대한다. 그렇다면 구성원의 동의가 필요하다. 동의한다는 것은 비자발적인 것을 포함하지만, 진정한 동의는 자발적이어야 한다. 그 자발적 동의가 동기를 만들어낸다.

리더의 역할을 하는 많은 사람들이 공통적으로 호소하는 어려움 중 하나가 요즘 젊은 세대들과 일하기가 어렵다는 것이다. 구성원 눈치를 보는 것은 기본이고 어떨 땐 마치 상전을 모시고 있다는 느낌마저 든다고 한다. 여러분은 어떤가? 과거에 우리가 선배들에게 배웠던 금과옥조와 같았던 후배 관리 노하우가 잘 통하지 않는다. 이제 요즘 젊은 세대들을 이끌기 위해서는 과거와는 다른 노력이 필요하다. 그중 하나가 바로 '일의 의미'에 관한 것이다. 좀 더 정확하게 표현하자면 구성원들에게 일에 대해 의미를 부여하는 것이다. 좀 더 유연하게 사고할 필요가 있다. 좀 더 인내심을 가지고 수행하는 업무에 대해서 가치를 설명할 필요가 있으며, 구체적으로 업무 지시를 해야 한다. 그리고 직원 개개인의 삶의 영역에 대한 인정과 관심도 중요하다.

칼 뉴포트의 〈딥 워크〉

일의 의미를 설명하기 위해 나무를 깎거나 쇠를 두드리는 고리타분한 사례에서 벗어나, 컴퓨터 프로그래밍이라는 현대적인 사례도 들 수 있습니다. 다음은 컴퓨터 프로그래밍의 신동인 산티아고 곤잘레스Santiago Gonzalez가 인터뷰에서 한 말이다.

아름다운 코드는 짧고 간결해서 다른 프로그래머에게 넘기면 "야, 참 잘 짜인 코드네"라는 말을 듣는다. 마치 시를 쓰는 것과 같다. 곤잘레스가 프로그래밍을 말하는 방식은 마치 목공예 장인이 공예를 말하는 방식과 비슷하다.

프로그래밍 분야에서 높은 평가를 받는 '실용주의 프로그래머'는 코딩과 공예의 연관성을 더욱 직접적으로 드러낸다. 이 책의 서문에서는 "우리는 단순한 돌덩이를 자르되 언제나 성당을 머릿속에 그려야 합니다"라는 중세 석공들의 신조가 나온다. 그리고 프로그래머도 같은 방식으로 작업에 임해야 한다는 주문이 뒤따른다.

"프로젝트의 전반적인 구조 안에는 항상 개인성과 장인 정신을 발휘할 여지가 있습니다. …… 지금부터 100년 후에 우리가 하는 일은 아주 구식으로 보일지도 모릅니다. 오늘날의 토목 엔지니어들에게 중세 성당 건축가들이 사용한 기술이 그렇게 보이듯 말입니다. 하지만 우리의 장인 정신은 여전히 존중 받을 것입니다."

당신이 저술가든, 마케터든, 컨설턴트든, 변호사든 상관없다. 당신이 하는 일은 공예이며, 능력을 길러서 진지하고 세심하게 발휘하면 뛰어난 수레바퀴 장인처럼 일상에서 의미를 창출할 수 있다. 반드시 희소성이 있는 일이 아니라도 괜찮다. 다만, 일에 대한 희소한 접근법이 필요한 것이다.

출처: 칼 뉴포트, 〈Deep Work〉

사례 2

김잘해 팀장 이야기

영업 부서의 김잘해 팀장은 직무의 본질과 가치를 구성원들에게 설명하기 위해 조직에 본인 업무나 그 기능이 있을 때와 없을 때의 차이점을 비교해서 구성원들에게 설명한다. 그러나 항상 일의 의미를 부여하기는 힘들었다. 구성원들은 본인이 옛날부터 희망하던 매력적인 바이어 얘기를 들을 때는 눈이 반짝거리고 열정적이지만 자기들이 원하지 않는 바이어 얘기에는 의미를 잘 찾지 못했기 때문이다. 김잘해 팀장은 그래서 구성원들이 원하지 않는 바이어에 대해 말할 때는 그 바이어의 오더를 늘리고 관계를 잘 확립해야 그 오더가 우리 부서의 캐시 카우 역할을 해 구성원이 정말로 원하는 바이어들에게 진입할 수 있는 원동력이 될 수 있다고 동기 부여 한다.

김무기력 사원 이야기

김무기력 사원은 주말에 스스로 나와서 일을 하던 열정적인 사원이었다. 그리고 일을 조금 일찍 마치고 저녁 시간을 가지고 싶어 아침 6시 반에 출근하여 18시에 퇴근을 했다. 하지만 늦게 출근한 사람들에게는 눈치 없이 그냥 빠르게 퇴근하는 직원 취급을 받았다. 그리고 사수보다 많은 일을 담당했지만 업무 결과물이 사수 이름으로 바뀌어서 보고되는 상황을 계속 겪게 되었다. 이렇게 자신 개인의 노력과 결과물이 인정되지 않자 2년 차에는 악으로 회사를 다녔고 이제 3년 차에는 해탈을 한 후 의욕을 잃게 돼 버렸다. 김무기력 사원의 일은 입사 후 지금까지 변한 것이 없지만 이런 심정의 변화 때문에 이제는 주도적으로 무엇인가를 할 동력을 잃어버린 상태다.

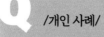

/개인 사례/

리더로서 구성원들에게 '일의 의미'를 인식시키기 위

해 어떻게 하였는가?

1

직무의 본질과 가치를 플레이어에게 설명하고 있는가?

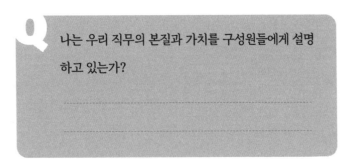

나는 우리 직무의 본질과 가치를 구성원들에게 설명
하고 있는가?

리더가 해야 할 가장 중요한 것은 일의 의미에 대한 자신의 생각을 말 또는 글로 개념화하고, 그 개념을 설득하려는 목적을 가지고 설명하는 반복적인 과정을 갖는 것이다. 이를 통해 구성원들과 공감하고, 그 공감된 개념을 우리 조직만의 장점으로 '개념화'하는 과정을 갖게 된다.

구성원들이 일의 의미를 발견할 수 있도록 돕기 위해서 리더가 해야 할 첫 번째 일은 우리가 하는 일의 본질과 가치를 구성원들에게 설명하는 것이다. 하지만 말처럼 그렇게 쉬운 일이 아니다. 기성 세대들은 대개 성실하게 일하는 것을 당연하게 생각하고 야근이나 주말 근무도 불사하고 열심히 일하는 것이 일반적이었다. 하지만 요즘은 일하는 문화가 많이 바뀌고 있다. 특히 젊은 직원들은 기성 세대들의 마음 같지 않다. 일에 대한 의미부여가 더 중요해지고 있는 상황이다. 리더라면 이에 대해 고민하는 것은 물론이고, 구성원들에게 적절한 설명이 필수적이다.

경영자의 목소리: 일에 대한 의미 설명

일을 수단으로 삼기보다는 일의 참뜻을 발견하는 구성원이 많아야 한다. 일의 관점에서 일에 의미를 부여하고 찾으려면 직원들의 단순 반복적인 업무가 줄어들어야 한다고 생각한다. 그러나 지금은 단순 반복적인 업무가 너무 많다. 그래서 의미를 찾기가 쉽지 않다. 특히 직원들이 일에 대한 의미나 중요성을 잘못 느끼고, 수직적 지시가 많기 때문에 거부감이 있거나 갈등이 있다. 나이가 많은 리더들은 과거에 굉장히 많은 업무를 해왔다. 업무량으로 일의 잘함을 판단하는 경우가 많다. 그래서 때로는 효율적으로 일하는 직원들보다 단지 업무량이 많은 직원들이 높이 평가받기도 한다. 그런데 젊은 직원들은 그런 것을 못 견디고, 일과 삶의 균형을 중요시한다. 이로 인해 조직 내부에서 갈등이 일어나고 직원들은 만족이 낮아진다고 느끼고 있다.

구성원의 목소리: 일에 대한 의미 설명

"일의 가치요? 이제까지 몇 분을 위로 모셨지만 한 번도 그런 얘기를 상사와 해본 적이 없습니다. 상사뿐만 아니라 누구와도 그런 얘기를 해본 적이 없는 것 같습니다. 일의 가치는 중요합니다. 하지만 어디서 그런 얘기를 할 수 있을지 모르겠습니다."

– 30대 후반 K자동차 책임연구원

"일에 대해 의미 부여하는 저만의 노하우 같은 것이 있다면 그것은 일방적으로 일의 의미를 강요하지 않는 것입니다. 일 때문에 힘들어하는 구성원이 있으면 그럴싸하게 포장을 해서 설득하려고 하기보다는 업무의 현실을 얘기하고 그마저도 과정이라는 것을 느끼게 하려고 노력합니다."

– 40대 초반 H물류회사 팀장

"저는 철저하게 사회적 동물입니다. 혼자 있는 것보다 다 같이 있을 때, 나의 사회적 역할을 다할 때 진정한 일의 의미를 느낍니다. 일의 가치 또한 사회에서 다른 사람과 관계할 때 나의 단점을 발견하고 장점을 극대화하여 다른 사람에게 인정받을 때 느낍니다."

- 20대 B반도체장비 제조 회사 사원

┃ How to ┃
일에 대해 의미를 부여할 수 있도록 리더가 해야 할 일

1단계: 리더로서 스스로에게 일에 대해 어떻게 의미를 부여하고 있는지 점검합니다(WHW 시트 활용).

2단계: 구성원들이 일에 대해 어떻게 의미를 부여하고 있는지 점검합니다.

3단계: 일에 대한 의미 부여에 관한 적절한 사례나 스토리를 취합합니다.

4단계: 리더로서 나만의 언어로 구성원들에게 의미를 부여합니다.

구성원들이 부여하는 일의 가치

실습 Sheet

우리 구성원들은 자신의 일에 대해 어떤 가치를 부여하고 있을까요?

1 구성원 세 명의 이름을 적어보세요.

2 구성원의 핵심 업무를 적어보세요. (What)

3 그는 그 일을 잘 하기 위해서 어떻게 하고 있는지 적어보세요. (How)

4 마지막으로 그는 왜 일한다고 생각하는지 그의 관점에서 적어보세요. (Why)

이름	무엇(What)	어떻게(How)	왜(Why)

Best Story를 채집하고 나만의 언어로 설득하기

리더로서 구성원들에게 일에 대한 의미 부여에 관한 스토리를 만들어 설득하는 것은 좋은 방법이다. 실제 사내 외에서 우수한 리더들은 이미 그렇게 하고 있다. 중요한 것은 리더 스스로 스토리에 대한 확신이 있어야 한다. 만약 스토리가 없다면 적절한 스토리를 채집해 보시기 바란다.

│예시│ S전자에 입사한 나잘난 사원의 푸념

구분	일에 대한 의미 부여 스토리(예시)
내용	내로라하는 화려한 스펙을 가진 나잘난 사원이 S전자에 입사했습니다. 처음 반도체 사업부의 R&D 부서로 발령이 났습니다. 그는 바늘 구멍보다 들어가기 어렵던 대기업에 입사해 기대감으로 들떠 있었습니다. 하지만 상사인 더 수석은 나 사원에게 1개월 동안 PC 뚜껑을 열고 닫는 단순 업무만 시키는 것이었습니다. 나 사원은 내가 이런 일이나 하려고 입사했나 싶어서 참다 못해 더 수석에게 푸념을 했습니다. 그러자 더 수석은 나 사원을 불러 그에게 이 일의 의미를 설명합니다. "자네가 하고 있는 일은 사실 PC 뚜껑의 내구성을 테스트하기 위한 중요한 실험이라네! 사실 작고 사소한 일처럼 보일지 모르지만 만약 자네가 하는 일이 아니었다면 지금과 같은 성과는 없었을 거라네"

실습 Sheet

Best Story를 채집하고 나만의 언어로 설득하기

위 예시처럼 자신이 하고 있는 직무와 관련된 사례를 수집하여 스토리를 만들어 보시기 바란다. 구성원들은 일방적인 설득보다는 스토리텔링을 더 흡인력 있게 받아들일 것이다.

|실습| Best Story를 채집하고 나만의 언어로 설득하기

구분	일에 대한 의미 부여 스토리
내용	

2

부여된 태스크의 의도와 끝 그림을
명확히 설명하고 있는가?

> **Q** 나는 구성원에게 부여된 태스크의 의도와 끝 그림을
> 명확히 설명하고 있는가?
>
> _____
>
> _____

리더들이 느끼기에 요즘 직원들은 직급이 낮으면서 주제넘게 팀, 본부, 회사 차원의 일까지 관심을 갖곤 한다. 요즘 직원들은 일을 통해 자신을 표현하고 싶어하고 일이 흘러가는 전체 상황에 대해 궁금해하는 경향이 있다. 리더는 이런 구성원들의 요구에 맞게 적절히 지원해야 한다. 일의 전체 맥락을 알게 되면 일머리 있게 업무를 잘할 확률도 높다. 따라서 리더는 구성원들

에게 지엽적인 업무 지시Text를 하기보다는 의도적으로 일의 전체 맥락Context과 끝 그림을 공유할 필요가 있다.

예를 들어 부서 회의를 통해 부서나 회사 전체의 상황을 수시로 전달하는 것이 좋다. 또한 큰 프로젝트를 할 때는 의도적으로 참관인 자격으로 간접 체험할 수 있는 기회를 제공하는 것도 좋은 방법이다. 그러면 직원들이 일의 맥락과 방향성에 대한 예측 가능성Predictability이 생긴다. 그럼으로써 리더의 의도와 성향에 맞게 일머리 있는 업무 처리가 가능해진다.

경영자의 목소리: 부여된 업무의 의도와 끝 그림 설명

일을 할 때 시작, 중간, 끝을 생각하면서 일을 해야 한다. 지시했던 일이 전혀 다른 결과물로 나와서 놀라는 경우들이 있다. 우리는 서로의 기대와 바라는 모습을 명확히 해야 한다. 일의 조감도를 그리는 것이 어렵기 때문에 이를 중심으로 대화해야 한다. 이는 리더부터 노력해야 하는 사항이다. 또한 중간 과정을 관리해서 업무의 결과가 흐지부지 되지 않도록 해야 한다.

구성원의 목소리: 부여된 업무의 의도와 끝 그림 설명

"가끔 팀장님께서 일의 맥락에 대한 설명이 없이 일을 시킬 때가 있습니다. 사실 답답하지만 시키는 일이니 일단 하게 됩니다. 하지만 내가 왜 이 일을 해야 하고 이 일을 통해 나오는 최종 결과물이 무엇인지 궁금합니다. 팀장님은 나 말고도 다른 구성원들도 챙겨야 하고 늘 바쁘기 때문에 일일이 묻기도 힘듭니다. 솔직히 잠깐이라도 시간을 내셔서 일을 시키는 의도와 마지막으로 어떤 산출물을 생각하고 계시는지 설명해 주시면 일하는 데 도움이 많이 될 것 같습니다."

– 30대 초반 제조업 ○○사 선임

NASA 신재원 박사

2016년 미국 항공우주국NASA의 항공 연구 부문 책임자 the Aeronautics Research Mission Directorate로 한인 과학자 신재원 박사가 임명돼서 화제가 되었다. 그의 직급은 NASA 총책임자인 마이클 그리핀 국장Administrator과 샤나 데일 부국장Deputy Administrator의 바로 아래 직급인 국장보Associate Administrator로 차관급이다. 그는 빼어난 전문성을 갖춘 데다 조직과 사람을 관리하는 능력이 돋보여 승진을 거듭했다. NASA의 대형 프로젝트를 수행할 때도 금전으로 인한 잡음이 거의 나오지 않을 정도로 관리 능력이 뛰어났다.

워싱턴의 NASA 본부로 자리를 옮긴 뒤에는 오전 7시부터 오후 7시까지 '논스톱'으로 일하는 걸로 유명했다. 그는 직원들에게 "NASA는 국가에 고차원의 기여를 해야 한다. 그걸 위해 큰 그림을 그리자"는 말을 종종 했다고 한다. 한 인터뷰에서 그의 성공 비결을 묻자 그는 항상 일을 할 때 몇 직급 위의 상사 입장에서 일을 한다는 것이었다. 스스로 늘 상사의 시야로 일을 하려고 노력했다는 것이다. 그리고 구성원들에게 그것을 강조한다고 한다.

▌How to ▌

부여된 업무의 의도와 끝 그림 설명을 위해 리더가 해야 할 일

구성원들에게 일을 시켰는데 리더의 마음 같지 않게 일을 잘 못 하는 것을 종종 보게 된다. 그럴 때마다 답답한 마음이 든다. 하지만 잘 생각해 보면 부하 직원이 일을 일머리 있게 잘하는 것은 일을 시키는 리더의 책임도 있다. 평소에 일을 시킬 때 귀찮고 바쁘더라도 일의 의도와 끝 그림을 설명할 필요가 있다. 오히려 그것이 시간을 더 단축하고 더 좋은 성과를 가져올 수 있다. 그렇다면 리더가 어떻게 해야 할까?

B	**O**	**S**	**S**
Background	Output	Share	Show
맥락과 의도를 정확히 전달한다	결과물의 기대 모습을 명확히 한다	역량, 상황에 맞게 지시하고 배분한다	맡겼으면 신뢰하고 리더가 책임을 진다

1단계: 맥락과 의도 정확히 전달하기

백지나 화이트보드에 일의 맥락을 설명합니다.

2단계: 기대하는 결과물 명확화하기

목표나 리더가 기대하는 결과의 구체적인 내용을 그리도록 합니다. 추가적인 질문을 통해 결과물에 대한 상호 기대 사항을 맞춥니다.

3단계: 역량과 상황에 맞게 업무 지시하기

꼭 확인해야 할 것 중의 하나가 구성원의 현재 업무 상황과 역량에 맞게 업무를 배분하는 것입니다.

4단계: 맡겼으면 신뢰하고 리더로서 책임지기

일을 맡겼으면 전적으로 신뢰하고 권한을 위임하고, 마음껏 일할 수 있도록 책임은 리더가 집니다.

3

플레이어가 중요하게 생각하는 가치를
이해하고 있는가?

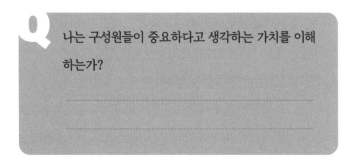

나는 구성원들이 중요하다고 생각하는 가치를 이해
하는가?

_____

_____

그동안 우리는 조직 중심의 사고를 강조했다. 하지만 요즘 분
위기가 많이 바뀌고 있다. 직장 생활을 하더라도 개인의 삶이 더
중요하다는 인식이 강해지고 있다. 리더들보다 구성원들은 그
런 인식이 더 강한 경향을 보인다. 구성원을 좁은 양식장에 가두
면 안 된다. 최대한 자유롭고 독립적으로 일할 수 있는 분위기를
만들어야 한다.

경영자의 목소리: 개인의 삶과 가치의 존중

팀장들이 구성원 개인과 개별 대화를 가지는 기회와 시간이 적은 것 같다. 대화의 기회가 많을수록 구성원들이 어떤 생각을 가지고 있는지 알 수 있다고 생각한다. 자주 기회를 만들어서 개인이 무엇을 중요하게 생각하는지 파악하고 존중해 줘야 한다. 특히 신입 사원들과는 가치관의 차이가 있을 수 있다. 이 점에 대해서 관심을 많이 가지면 좋을 것 같다.

구성원의 목소리: 개인의 삶과 가치의 존중

"이제 세상이 좀 바뀐 것 같습니다. 옛날 선배들이 일하셨던 것처럼 회사를 위해 일하는 것은 요즘에는 잘 안 통하는 것 같습니다. 예를 들면 회식을 하더라도 일방적으로 당일 날 통보한다든가 진탕 술을 마시는 것은 안 맞는 것 같습니다. 직원들의 일정도 고려해서 적어도 며칠 전에는 상황을 확인하고 약속을 정해야 한다고 생각합니다. 그리고 술 마시러 가기도 싫은 2~3차를 의무적으로 참석하는 것은 정말 아니라고 생각합니다. 사실 우리 회사는 그런 점에서는 그래도 괜찮은 편입니다. 이제 회사 일도 중요하지만 직원 개인의 삶도 중요하다고 생각합니다."

"저는 돈만 보고 회사에 다니지는 않고, 배움이 필요합니다.
배우는 과정이 있었으면 좋겠습니다. 나의 성장에 도움이 되고
다른 부서를 지원해 줄 때 일의 의미를 느낍니다."

- 제조업 B사 30대 중반 구성원

──────────── ▌How to ▌────────────

개인의 삶과 가치의 존중을 위해 리더가 해야 할 일

부서 및 조직의 비전과 가치를 구성원의 가치와 연결하는 것
은 어려운 과제이다. 갈수록 개인화 되어 가고 있는 상황에서 더
힘든 과제이지만, 한편으로는 그만큼 더 중요해지고 있는 것이
사실이다. 이에 리더들이 함께 일하는 직원들의 삶을 인정하면
서도 조직의 가치와 연계하는 노력은 중요한 역할 중 하나이다.

1단계: 함께 일하는 구성원의 개인 가치를 파악한다.

2단계: 해당하는 직군의 일의 가치와 조직의 미션을 파악한다.

3단계: 구성원들의 개인 가치를 직무 가치 및 조직의 미션과 연결
한다.

4단계: 자신의 개인 가치와 조직의 가치를 연결하여 생각해 본다.

5단계: 함께 일하는 구성원들의 개인 가치를 조직의 가치와 연계하여 설명한다.

───────────── ▌Practice▐ ─────────────

조직 구성원의 가치 파악

실습 Sheet

구성원의 개인 가치 파악

번호	중요하게 생각하는 가치	구성원 이름		
1	행복한 가정(가족관계)			
2	하고 싶은 것을 마음대로 할 수 있는 능력			
3	조직이나 사회를 좌우할 수 있는 힘(권력)			
4	좋은 친구와 사랑이나 우정을 주고받는 것			
5	인생에서 자신의 소명(사명)을 깨닫는 것			
6	매력적인 용모(미모, 아름다움)			
7	무병장수(건강)			
8	즐거움과 기쁨을 누릴 수 있는 여가 생활			

9	충실한 신앙 생활			
10	부부 간에 언제나 만족스러운 관계			
11	평생을 넉넉하게 살 수 있는 경제력			
12	사회적으로 인정받을 수 있는 명성과 인기			
13	인생을 똑바로 살 수 있는 지혜(통찰력)			
14	인류와 사회에 기여할 수 있는 봉사 정신			
15	부정, 부패가 없는 깨끗한 세상(정직)			
16	일을 통한 성취, 승진 등 만족한 직장 생활			

4

결과에 대해 인정해주고 있는가?

> **Q** 나는 구성원들의 결과물에 대해서 인정해 주는가?
>
> _____
>
> _____

리더와 구성원들 사이에는 여러가지 갭이 존재한다. 그중 하나가 바로 인정 및 칭찬에 대한 것이다. 대개 직원 입장에서는 직장 근무 연수가 얼마 안 되는 직원일지라도 지적 능력과 학력을 인정하고 그에 상응하는 대우를 해줘야 한다고 생각한다. 하지만 리더 입장에서는 아무리 경력과 학벌이 좋더라도 직장에서는 동일한 조건에서 누구나 허드렛일부터 차근차근 배울 필요가 있고, 성과에 따라 칭찬을 할 수도 질책을 할 수도 있다고 생각한다.

한 설문 조사에 따르면 직장인들이 가장 듣기 싫어하는 말 중

의 하나가 바로 "바쁜 일 없지?"라고 한다. 반면 가장 듣고 싶어
하는 말 중 하나가 "어서 퇴근해"라고 한다. 사실 많은 리더가 몰
라서, 아니 알면서도 잘 못 하는 것이 칭찬이다. 하지만 직원들은
칭찬과 인정의 말을 더욱 갈구한다. 총 950명을 대상으로 사원
부터 책임까지 각 직급별로 회사에서 듣고 싶은 말을 조사했다.

듣고 싶어 하는 말

사원급	1위	이번 달 보너스 지급됩니다	25.9%
	2위	어서 퇴근해	18.2%
	3위	괜찮아, 실수할 수도 있지	14.6%
	4위	실력 많이 늘었네	9.8%
	5위	수고했어	9.0%
선임급	1위	강 선임이라면 믿고 맡길 수 있지	27.8%
	2위	눈치보지 말고 어서 퇴근해	16.3%
	3위	수고했어	14.5%
	4위	고마워. 다 자네 덕이야	12.8%
	5위	수석님, 이게 다 이 선임이 담당한 건데요	10.1%
책임 이상 관리자급	1위	책임 님이 있어서 든든해요	27.9%
	2위	제가 해보겠습니다	21.6%
	3위	이렇게 하는 것에 대해 어떻게 생각하세요?	8.9%
	4위	지시하신 일 완료했습니다	7.9%
	5위	도와주셔서 감사합니다	7.9%

리더는 회사의 성과를 높이기 위해서는 직원의 업적에 대해서 칭찬하고 격려하는 사람이 되어야 한다. 요즘 직원들은 그런 칭찬에 매우 예민하기 때문이다. 칭찬을 잘 못 하는 리더라면 의도적으로 칭찬하는 연습을 할 필요가 있다.

경영자의 목소리: 결과에 대한 인정

자신이 하는 일의 크고 작음을 떠나 사람들이 일하면서 가장 보람을 느낄 때는 누군가에게 인정과 칭찬을 받았을 때라고 생각한다. 나도 인정과 칭찬을 하는 데 항상 부족함을 느끼고 있고 노력하고 있다. 동기 부여 방법 중 가장 좋은 것이 이런 긍정적 강화라고 한다. 우리 리더들도 구성원의 작은 성과와 노력에 대해 반응을 보여주길 바란다.

구성원의 목소리: 결과에 대한 인정

"요즘 우리 직원들은 생각 외로 '유리 멘탈'입니다. 선배들에 비하면 참아내는 능력이 부족한 것 같습니다. 그래서 리더 분들은 이런 직원들의 특성을 이해하고 도와야 한다고 생각합니다. 그렇다고 그들을 강철 멘탈로 바꾸려고 노력하라는 얘기는 아닙니다. 직원들을 긍정하고 인정하고 공감하자는 말이에요. 직원들은 리더의 배려, 관심이 필요합니다. 특히 잘한 일에 대해서는 칭찬해 주면 너무 힘이 납니다."

- 30대 초반 L 쇼핑 직원

‖ How to ‖

결과에 대한 인정을 위해 리더가 해야 할 일

구성원의 마음을 얻는 피드백 프로세스

Step1 Praise	Step2 Listen	Step3 Feedback
일단 칭찬한다	말하는 것을 참고 듣는다	진심을 담아 피드백한다

1단계: 일단 칭찬한다

소통은 구성원의 얘기를 귀 기울여 듣는 것에서 출발한다. 선배 입장에서 하고 싶은 얘기가 얼마나 많겠는가? 하지만 참아야 한다. 비록 구성원이 잘못을 했다거나 틀렸더라도 즉시 부정하거나 꾸짖지 않아야 한다. 구성원이 마음

을 열고 같은 편이라고 느끼도록 긍정의 메시지를 전해야
한다.

2단계: 말하는 것을 참고 듣는다

총명하다는 것은 귀가 밝고 눈이 밝은 사람을 말한다. 모
름지기 리더는 입보다는 귀와 눈이 발달한 사람이어야 한
다. 일단 구성원의 의견에 귀 기울여 들어보자.

3단계: 진심을 담아 피드백한다

답을 제시하기보다는 직원들의 의견에 진심으로 피드백
한다. 받아들이고 말고는 구성원의 몫이다.

─────────── ▌Action Item ▌───────────

Action Item 1: 구성원의 일에 대한 의미 파악

당신 구성원들이 생각하는 일의 의미를 일대일 미팅을 통해
찾아서 기록한다. 일의 가치에 대해 대화하고 나누는 과정을 통
해 당신이 얻는 것이 무엇인지 얘기하는 것으로 다음 시간이 시
작된다.

'나는 구성원이 많아서 이렇게 다 할 수 없다'라고 말할 수 없다. 일의 의미를 발견할 수 있도록 돕는 것은 리더로서 당신에게 주어진 일이다. 구성원들이 무엇을 중요하게 생각하는지 발견하는 것, 그리고 그것을 중심으로 대화하는 것, 우리는 이 과정을 성실하게 수행함으로써 일 중심, 가치 중심의 대화를 출발할 수 있게 된다. 당신의 조직 구성원 중 3명의 이름을 적고 그 구성원들이 일에 대해 어떤 의미와 가치를 가지고 있는지, 어떻게 해서 그런 의미와 가치를 가지게 되었는지, 그리고 왜 그 의미와 가치가 중요하다고 생각하는지를 적어보자.

이름	무엇(What)	어떻게(How)	왜(Why)

Action Item 2: 구성원의 개인 가치 파악

당신의 구성원들과 1대1일 미팅을 통해 개인의 가치와 강점을 파악한다.

구성원에 대해 얼마나 잘 파악하는지는 실제 성과와 직결되는 중요한 과제이다. 최고의 성과를 내기 위해서는 구성원의 강점을 파악해서 적절하게 업무를 배분하는 것이다. 그리고 지속적으로 점검하면서 지원하는 것이다. 직원 중 3명을 대상으로 인터뷰를 통해 아래 질문에 대해 체크해 보길 바란다.

번호	중요하게 생각하는 가치	구성원 이름		
1	행복한 가정(가족 관계)			
2	하고 싶은 것을 마음대로 할 수 있는 능력			
3	조직이나 사회를 좌우할 수 있는 힘(권력)			
4	좋은 친구와 사랑이나 우정을 주고받는 것			
5	인생에서 자신의 소명(사명)을 깨닫는 것			
6	매력적인 용모(미모, 아름다움)			
7	무병장수(건강)			
8	즐거움과 기쁨을 누릴 수 있는 여가 생활			

9	충실한 신앙 생활			
10	부부 간에 언제나 만족스러운 관계			
11	평생을 넉넉하게 살 수 있는 경제력			
12	사회적으로 인정받을 수 있는 명성과 인기			
13	인생을 똑바로 살 수 있는 지혜(통찰력)			
14	인류와 사회에 기여할 수 있는 봉사 정신			
15	부정, 부패가 없는 깨끗한 세상(정직)			
16	일을 통한 성취, 승진 등 만족한 직장 생활			

지난 1개월 동안 했던 일을 돌아보며

'일의 의미와 가치'를 중심으로 한 대화를 하면서 당신이 배우고, 느끼고, 알게 된 사실은 무엇인가?

생각해 보기   **Think Wise**

If you don't write it down, it doesn't exist.

2017년 9월 27일(수) '플레이보이' 제국의 황제 휴 헤프너가 별세했다. 향년 91세였다. 헤프너는 2001년 CNN과의 인터뷰에서 "사회적·성적인 면에서 긍정적인 방향으로 세상을 바꾼 인물로 기억되고 싶다. 그거면 충분히 행복하다"고 말했다. 조직의 리더로서 당신은 당신의 일의 의미를 어떻게 부여할지 깊이 있게 생각해야 한다. Action Item을 통해 인터뷰를 한 직원 이외에 다른 구성원들에게도 동일한 방식으로 양식을 채워 보기 바란다. 유익한 시간이 될 것이다.

실제 현장에 돌아가서 배운 내용을 적용해 보는 것이 본 과정의 실질적인 목적이다. 이번 장에서 앞서 실습한 내용을 마저 다 채워 보고 구성원들에게 일의 의미를 부여할 수 있도록 계속 고민해 보길 바란다. 단, 실제 업무 현장에 돌아가서 구성원들과 대화를 하는 시간을 가질 때 몇 가지만 유의하는 것이 좋다.

하나, 형식적이지 않고 편하게 대화할 수 있는 분위기를 조성해 보자.

둘, 구성원의 생각을 더 깊게 들어보는 기회로 삼아보자.

셋, 솔루션을 주려고 하지 말고 질문을 통해 구성원의 속마음을 확인해보자.

1. 구성원의 일에 대한 의미 파악

앞서 작성한 3명 외에 다른 구성원들이 생각하는 일의 의미를 일대일 미팅을 통해 발견하고 찬찬히 기록해 보길 바란다. 일의 가치에 대해 서로 대화하는 시간을 통해 평소 업무에 대해 생각하는 서로의 의견을 공유해보자.

이름	무엇(What)	어떻게(How)	왜(Why)

2. 구성원의 개인 가치 파악

팀으로 돌아가서 3명 외 나머지 구성원들과 일대일 미팅을 통해 개인의 가치와 강점을 파악해 보자.

번호	구성원	중요하게 생각하는 가치
1		
2		
3		
4		
5		
6		
7		
8		
9		
10		
11		
12		
13		
14		
15		
16		
17		
18		
19		
20		

20 년 월 캘린더

내가 관심을 가지고 해야 할 일

언제 할 것인가

일(日)	월(月)	화(火)	수(水)	목(木)	금(金)	토(土)

20 년 월 캘린더

내가 관심을 가지고 해야 할 일

....

....

....

....

....

....

....

....

....

언제 할 것인가

일(日)	월(月)	화(火)	수(水)	목(木)	금(金)	토(土)

누구나 한번은 리더가 된다

20 년 월 캘린더

내가 관심을 가지고 해야 할 일

....

....

....

....

....

....

....

....

....

언제 할 것인가

일(日)	월(月)	화(火)	수(水)	목(木)	· 금(金)	토(土)

아래의 글을 읽고 다시 한번 질문에 답해 보자.

생각해 보기 　　　　　　**Think Wise**

"리더는 먼저 솔선수범해야 한다. 직원들에게 강제로 일을 시키거나 명령을 통해서는 일의 효율을 기대할 수 없다. 결국 직원들이 자발적으로 움직이게 해야 하며 그들로부터 신뢰와 존경을 받아야 한다. 그러자면 책상 위에 앉아 군림하는 것이 아니라 현장을 발로 뛰며 직원들과 동고동락해야 하는 것이다."

– 스티브 김(Steve Kim)

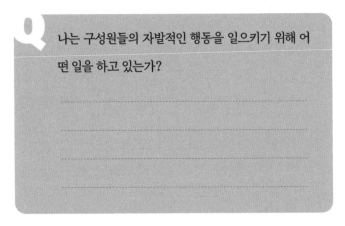

나는 구성원들의 자발적인 행동을 일으키기 위해 어떤 일을 하고 있는가?

If you don't write it down, it doesn't exist.

아래의 글을 읽고 다시 한번 질문에 답해 보자.

생각해 보기　　　　　**Think Wise**

"사람은 주위 사람들로부터 칭찬받고자 하며, 자신의 진정한 가
치를 인정받기를 원한다. 자기 자신의 세계에서 중요한 존재이고
자 한다. 사람들은 경박한 아첨은 듣고 싶지 않지만 진심에서 우
러나오는 칭찬은 열망한다."

– 데일 카네기(Dale Breckenridge Carnegie)

> **Q** 구성원 중 한 명을 떠올려 보라. 그를 향한 진심에서
> 우러나오는 칭찬과 인정이 있다면 무엇인가?
>
> _____
>
> _____
>
> _____
>
> _____

If you don't write it down, it doesn't exist.

If you don't write it down, it doesn't exist.

CHAPTER
4

어디로 갈지
모르는 배는
순풍도
도움이 되지
않는다

계획대로 되는 일이 세상에 얼마나 많을까? 살다 보면 삶은 계획대로 되지 않는다는 것을 발견하게 된다. 계획대로 되지 않는다고 해서 계획이 필요 없는 것은 아니다. 계획대로 되지 않기 때문에 계획은 더욱 필요하고, 계획을 만들기 위해서는 방향이 필요하다. 어디로 갈지 모르는 배는 순풍도 도움이 되지 않는다. 이 말은 비전과 방향 설정의 중요성을 강조하는 명언으로, 조직의 리더십과 경영에서도 중요한 교훈을 제공한다. 비전이란 조직이나 개인이 장기적으로 추구하는 목표나 방향성을 의미한다. 비전이 명확하지 않으면 아무리 좋은 환경과 자원이 주어져도 제대로 활용될 수 없다. 이는 마치 목적지를 모르는 배가 순풍을 맞아도 바른 방향으로 나아가지 못하는 것과 같다.

비전은 조직의 나침반과 같다. 비전이 없는 조직은 방향을 잃고 표류할 수밖에 없다. 조직의 구성원들은 명확한 목표와 방향성을 가지고 일할 때 자신의 역할과 의미를 더욱 명확히 이해하게 된다. 이는 구성원들의 동기 부여와 직무 만족도에도 긍정적인 영향을 미친다. 조직의 리더는 비전을 제시함으로써 구성원들이 한 방향으로 힘을 모을 수 있도록 해야 한다.

비전이 없는 조직은 자원과 시간의 낭비를 초래할 수 있다. 아무리 뛰어난 인재와 자원을 가지고 있어도, 그들이 어떤 방향으로 나아가야 할지 모르면 제대로 된 성과를 내기 어렵다. 예를 들어, 탁월한 항해 기술과 강력한 엔진을 가진 배라도 목적지가 없다면 그 능력을 제대로 발휘할 수 없다. 비전은 이러한 능력들을 하나로 모아 유기적으로 작동하게 만드는 역할을 한다.

비전 제시는 리더의 중요한 역할 중 하나이다. 리더는 조직의 미래를 바라보고 그 방향성을 명확히 제시해야 한다. 이를 통해 구성원들은 자신이 나아가야 할 길을 명확히 인식하고, 그 과정에서 발생하는 다양한 어려움과 도전에 대처할 수 있는 힘을 얻는다. 또한 비전은 조직 내에서 의사 결정의 기준을 제공한다. 중요한 결정을 내릴 때, 조직의 비전과 일치하는지 여부가 중요한 판단 기준이 된다.

비전 제시는 단순히 멋진 구호나 문구를 만드는 것이 아니다. 그것은 조직의 현실과 미래를 깊이 이해하고, 그 사이의 격차를 메우기 위한 구체적인 계획을 수립하는 과정이다. 비전은 현실적인 목표와 도달 가능한 계획을 포함해야 하며, 이를 구성원들과 지속적으로 공유하고 소통해야 한다. 비전이 조직의 모든 구성원들에게 내재화될 때, 그 조직은 비로소 진정한 의미에서 하나로 통합되고 강력한 추진력을 얻게 된다.

비전 없는 조직은 방향성을 잃고 표류하는 배와 같다. 순풍이 불어도 그 힘을 제대로 활용하지 못하며, 목표 없이 떠돌게 된다. 반면, 명확한 비전을 가진 조직은 어떤 상황에서도 그 방향성을 잃지 않고, 목표를 향해 끊임없이 전진할 수 있다. 리더는 조직의 비전을 명확히 제시하고, 그 비전을 구성원들과 공유함으로써 조직 전체가 하나의 목표를 향해 나아갈 수 있도록 해야 한다. 이를 통해 조직은 더욱 강력하고 유연한 대응력을 갖추게 되며, 궁극적으로 성공적인 성과를 달성할 수 있게 된다.

이번 장의 내용은 동기 부여의 두 번째 주제인 '업무 비전 제시'이다.

/핵심 질문/

구성원들에게 업무 비전을 제시하고 있는가?

Are you presenting the vision of members' work?

리더에게는 매 순간이 의사 결정의 연속이라고 해도 과언이 아니다. 따라서 리더는 상황이 의사를 결정하도록 내버려두는 것이 아니라 상황을 지배할 수 있는 의사 결정을 하는 것이 매우 중요하다. 그러기 위해서는 평소 비전이나 가치를 '액자 속 허울 좋은 문구' 정도로 인식하는 것이 아니라, 실제 내 피 속에 비전이나 가치가 흐르도록 해야 한다. 그래서 어떠한 상황에서도 자연스럽게 비전과 가치에 기반하여 의사 결정하는 것을 몸에 익혀야 한다. 이것은 리더십의 요체 중 하나이다.

물론 비전을 기반으로 리더십을 잘 발휘한다는 것은 그리 쉬운 일은 아니다. 먼저 리더로서 나의 업무 비전과 가치부터 정립해야 한다. 업무 수행 시는 물론 직원들과의 회식 자리에서도 일관성 있게 얘기해야 한다. 그 효과는 두말할 필요가 없다. 두 번째로 소속 부서의 비전과 가치를 명확하게 인식하고 쉬운 논리로 전파해야 한다. 소속 부서의 비전을 정립하는 과정에 부서 구성원들을 참여시켜야 한다. 이왕이면 구성원들이 이해하기 쉬운 언어와 사례로 정리하면 매우 유용하다. 잭 웰치는 10번 이상 얘기한 것이 아니면 한 번도 얘기하지 않은 것과 같다고 말했다. 그래야 직원의 마음 속에 각인이 되고 의사 결정 상황에서 떠오르게 되는 것이다. 마지막으로 비전과 가치를 기반으로 직원을 코칭하고 칭찬해야 한다. 설령 꾸중을 하더라도 '직원의 행동'이 아니라 '조직의 비전과 가치'에 초점을 두어야 직원들이 설득력 있게 받아들인다. 그러면 비로소 직원들은 회사의 가치와 연계하여 명확한 원칙을 가지고 업무 수행이 가능해지는 것이다.

이러한 비전과 가치를 기반으로 하는 리더십을 제대로 발휘하기 위해서는 무엇보다 리더의 솔선수범이 전제되어야 한다. 솔선수범은 쉽게 말하면 '하기 싫고 어려운 일을 먼저 나서서 하는 것'이다. 리더가 솔선수범할 때 자연스럽게 리더에 대한 신뢰가 생기는 것이며, 신뢰할 수 있는 리더가 전하는 메시지라야 설득력 있게 직원에게 전달되는 것이다. 어느 조직에서든 '비전 및 가치에 기반한 리더십'이 선행되어야 비로소 구성원들이 '비전 및 가치에 기반한 플레이어십'을 발휘할 수 있게 되는 것이다. 비전과 가치 기반의 리더십으로 위기의 시대, 불확실성의 시대를 정면 돌파해 보자. 이번 모듈에서는 그 구체적인 방법과 스킬을 제시한다.

그렇다면 리더들은 어떨까? 다행스럽게도 비전 및 가치를 기반으로 하는 리더십을 발휘하는 사람도 있다. 그들은 공통적으로 좋은 성과를 내고 있었다. 물론 회사 차원에서 비전 체계가 있다. 그리고 한때 부서별 비전 체계를 만들도록 전사 차원의 미션이 있었던 것도 사실이다. 하지만 보여주기 위해 형식적으로 소속 조직의 비전 체계를 만드는 것은 바람직하지 않다. 현재 함께 일하는 부서의 구성원들과 진지하게 소속 조직의 비전, 미션, 핵심 가치 등을 만들어 보자. 공을 들이고 애착을 가진 만큼 의미 있는 활동이 될 것이다. 아울러 함께 일하는 구성원의 특성과 상황을 파악하는 데도 도움이 될 것이다.

국내 중소 반도체 부품 제조 회사 CEO 이야기

리더가 이끄는 구성원의 가치가 뚜렷할 때 비전에 기반한 리더십이 빛을 발하게 된다. 리더십 연구가인 쿠제스와 포스너에 따르면 조직의 가치관을 명확히 알 수 없다 하더라도 개인의 가치관이 명확한 사람이 회사에 대한 헌신도가 높다고 한다.

우리나라 중소 반도체 부품 제조 회사의 CEO가 직원이 회사에 원하는 바를 전부 적어내게 했다. 직원의 요구사항은 다양했다. 월급 인상은 예상한 일이었지만, 야구단을 창설하자는 이야기까지 있었다. 그런데 CEO는 직원들의 꿈을 모두 들어주겠다고 약속했다. 단 매출과 연동해서 조건을 달았습니다. 예를 들어, 야구단 창설은 회사가 매출 3조를 달성할 때 하겠다고 했다.

그 뒤에는 어떻게 됐을까? 매출이 급상승하기 시작했다. CEO는 매출이 증가할 때마다 약속했던 일을 수행해 나갔고, 직원은 자신이 소망했던 일이 실제로 이뤄지자 더욱 신바람을 내서 일했다. 힘을 얻은 CEO는 직원에게도 자신을 위한 사명, 핵심 가치, 비전을 적어보도록 했다. 그 과정에서 **직원들은 자신들 삶의 절반 이상이 회사와 연관돼 있다는 것을 자연스럽게 깨닫게 되었다.** 대부분의 내용이 회사 또는 가족과 연관됐다고 한다. 또한 직원들의 팀워크가 향상되고 충성도도 높아진 효과를 봤다고 한다. 직원들은 회사를 위해, 그리고 나 자신을 위해 무엇을 해야 할지 고민하고 실천하게 되었다고 한다.

<table>
<tr><td>사례
2</td><td>**윤비전 부문장의 개별 면담 사례**</td></tr>
</table>

윤비전 부문장은 구성원들의 경력 면담을 잘 하고 업무 비전도 잘 제시하는 리더라는 평가받고 있다. 최근 빅 바이어인 자바코리아가 한국내 사무실을 철수하고 베트남 시장으로 이동할 것이라는 얘기를 듣고 어떻게 해야 할지 고민했다. 윤 부문장은 우선 팀장들에게 상황을 설명하고 우리가 어떻게 대응하는 것이 좋을지 의견을 들었다. 이후 회사에 보고 후 신속하게 베트남에 팀을 꾸릴 것을 지시받았다. 부문의 구성원들을 모아두고 상황에 대한 상세한 설명을 했다. 그런 이후 질의응답 시간을 가졌다. 궁금한 것은 무엇인지 물어볼 수 있도록 자유로운 분위기를 만들어 줬다. 물론 구성원들은 눈치를 보고 얘기를 꺼려했다. 그러나 한두 명씩 질문이 나오자 여기 저기서 질문과 의견이 나왔다. 이후에 개별 면담을 실시하기로 했다.

개별 면담을 해보니 직원들은 저마다 이유를 들면서 베트남으로 이동하는 것을 거부하는 눈치였다. 누군가는 결혼을 이유로 안된다고 하고, 누군가는 이제 육아가 시작되었다며 안 된다고 했다.

누군가는 이 일을 계속해야 하는지 모르겠다고까지 하고, 누군가는 자기를 발령하면 퇴직하겠다고 엄포를 놓기도 했다. 누구 하나 부문장의 뜻을 이해해 주지 않아서 서운하기도 했다. 회사에서는 빠르게 결정을 하라고 하고, 구성원들은 눈치만 보고 있으니 답답한 상황이었다. 다시 개별 미팅을 해서 우려되는 것과 회사가 어떤 조치를 해 주길 바라는지 파악하기로 했다. 우선 가장 걱정되는 것은 다시 해외에서 국내로 돌아올 수 있는가, 그때도 자신의 자리가 있는가에 대한 것이었다. 윤 부문장은 인사 팀장과 협의해서 회의 인사 정책에 대해서 설명회를 요청했다. 추가적으로 개인의 경력 목표를 확인하고 회사의 목표와 어떻게 연결해서 생각하면 좋을지 시트를 작성한 후 개인별 미팅을 다시 진행했다.

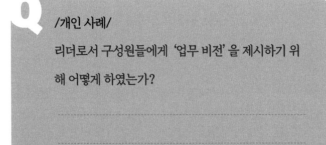

Q /개인 사례/

리더로서 구성원들에게 '업무 비전'을 제시하기 위해 어떻게 하였는가?

3

팀의 비전과 목표를 수립하여 제시했는가?
동의를 이끌고 있는가?

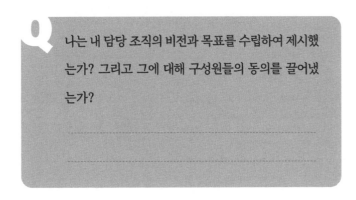

나는 내 담당 조직의 비전과 목표를 수립하여 제시했는가? 그리고 그에 대해 구성원들의 동의를 끌어냈는가?

"회사에서 제일 중요한 것 세 가지는 무엇인가?"

맥킨지가 경영 진단을 의뢰받으면 고객사의 임원, 간부 사원, 평사원 각 한 명에게 꼭 묻는 질문이라고 한다. 세 명의 답변이 일치하면 구성원들의 생각이 한 방향으로 정렬된 것이니 건

강한 조직이라고 할 수 있다. 하지만 일치하지 않으면 어려움을 겪고 있거나 앞으로 난관에 봉착하게 될 확률이 높다는 것이다. 명확한 비전에는 직원을 움직이게 하는 힘이 있고 실제 경영성과로도 이어진다는 것은 이미 증명되었다.

명확한 비전은 직원들에게 목적 의식을 제공한다. 실제 명확한 목적 지향적인 기업의 직원들은 돈을 버는 것이 목적인 일반 기업보다 회사의 성장과 미래에 대해 더 긍정적이다. 목적이 이끄는 기업에 대한 딜로이트 컨설팅에서 실시한 2014년 서베이가 이를 증명한다. 서베이 결과를 살펴보자. 목적 지향적 회사의 직원 82%가 회사의 성장에 긍정적이었다. 반면, 비교 기업의 직원들은 48%만 회사의 성장을 긍정적으로 보았다. 그리고 목적 지향적 회사의 직원 83%가 회사의 미래에 낙관적이었다. 반면 비교 기업의 직원은 42% 정도만 낙관적이었다. 또 목적 지향적 회사의 직원 79%가 자신의 회사는 장기적으로 경쟁력을 유지할 것이라고 예측했다. 반면 비교 기업의 직원 중에서 이에 대해 긍정적으로 답한 비율은 47%밖에 되지 않았다.

경영자의 목소리: 조직의 업무 비전/목표 수립 및 동의

동기 부여 관점에서 리더가 너무 단기 성과에 집중하는 경우

가 있다. 예상과는 다른 결과가 나와서 단기적인 성과 개선을 위해 이것저것 시도하는 경우가 많은 듯하다.

과거 비즈니스와 현재 비즈니스 상황이 다르기 때문에 현재 상황에 맞는 답을 찾을 필요가 있다. 이런 부분은 본인이 스터디를 하지 않으면 답을 찾기가 어렵다. 그런데 리더는 보통 과거의 성공 경험을 바탕으로 움직이기 때문에 비슷한 시도들만 하는 것 같다. 그런데 과거와는 상황이 다르니 잘 안 된다. 회사의 방향과 각 사업부의 중단기 목표를 정확하게 인지하고 같은 방향으로 나아갈 수 있도록 구성원 모두가 매 순간, 스스로 점검해야한다. 리더는 회사의 정책을 적극적으로 활용하여 조직 비전과 개인 비전을 연결할 수 있도록 해야 한다. 승진, 급여, 인센티브와 같은 외재적 보상과 함께 일의 중요성과 의미를 부여할 수 있는 다양한 정책을 개발할 필요가 있다. 이 부분에 대해서 구성원에게 설명하고 이를 통해 비전을 제시하는 것이 리더들의 역할이다.

구성원의 목소리: 조직의 업무 비전/목표 수립 및 동의

"구성원들이 본사의 비전이나 미션을 잘 모릅니다. 비전은 사업 계획 할 때 한 번 발표한다고 해서 잘 알게 되는 것은 아닙니다. 회사

의 목적이나 방향성을 구성원들에게 공유해주려는 끈질긴 노력이
필수적입니다"

- A컴퍼니 40대 초반의 리더

"비전이 중요하다고 생각합니다. 이 일을 왜 하는지 모르는 사
람은 정말로 티가 납니다. 이 일을 왜 하는지 충분히 알 수 있도록 정
보를 최대한 시작 시점에 공유해야 합니다. 비전 제시가 너무 수시
로 바뀌면 리더십 발휘가 힘들어집니다. (중략) 업무 비전 제시는 가
장 많이 신경 쓰고 있는 부분입니다"

- 40대 중반 IT기업 리더

"공유되는 (팀의) 미션이나 비전은 없습니다. 영업팀이다 보니
정신이 없어서 모일 시간이 없습니다. 매월 한 번 클로징 미팅을 하
면 그 달에 받은 전달 사항을 공유해 주십니다. 그러나 이미 완료된
과거 사항 위주이고, 미래 지향적 이야기가 부족합니다."

- 20대 후반 ○○금융사 사원

"팀 업무 자체의 특성상 도전적이기는 힘든 상황입니다. 업무
특성상 팀장님 입장에서도 도전적인 비전을 제시해 주시기가 힘들
지 않을까 생각합니다. 월간 회의 때 팀 목표나 매출 이야기를 해 주

시기는 합니다. 하지만 구체적인 액수는 지금 잘 모릅니다. (중략) 팀장님이 비전 제시를 했을 때 더 열심히 해야겠다는 생각은 듭니다. 하지만 단순히 보조하는 역할이라, 구성원 스스로가 매출을 높이는 역할을 하는 것은 힘든 일인 것 같습니다."

— 30대 초반 의류업체 사원

"○○팀은 미션이나 비전보다는 현실적인 매출이 목표가 되어버립니다. 슬로건과 20계명이 따로 있어 매월 외웁니다. 그런데 형식적인 비전 공유이지 업무에 투영되지 않고, 업무는 실제로는 실적 위주입니다."

— 30대 중반 A물류업체 사원

▎How to ▎
조직의 업무 비전/목표 수립을 위해 리더가 해야 할 일

1단계: 부서가 하는 일의 가치에 대해서 생각해보자.

　　질문1. 당신 부서 핵심 직무의 가치를 다른 사람들에게 설명할 때 당신은 어떻게 소개하는가?

　　질문2. 당신의 직무가 회사에서 존재해야 하는 이유를 무엇이라고 생각하는가?

질문 3. 그 직무를 수행하는 사람이 갖춰야 할 태도는 무엇이라고 보는가?

2단계: 우리 부서의 존재 이유를 문장으로 정의해 본다.

3단계: 존재 이유를 증명하기 위해서 달성해야 하는 것이 무엇인지 기술한다.

4단계: 구성원들이 생각하는 일의 가치, 부서의 존재 이유가 무엇인지에 대해서 같이 생각을 나누는 워크숍을 진행한다. (Action Item에서 설명)

일의 가치에 대해 생각해 보고 적어보기

예시 Sheet | 일의 가치

(의류 영업) **직무의 가치를 다른 사람들에게 설명할 때 당신은 어떻게 소개하는가?**

"사람(개인)의 열정을 표현하는 아름다운 옷을 만드는 일"(팀장)

"벗고 살거야?(평생 따라다니는 필수품을 만들어 내고 판매하는 일)" (책임)

"커멘드센터, 지휘자, 모든 유관 부서와의 조화를 통해 고객에게 우리의 제품을 생산, 전달하는 일"(선임)

"무에서 유를 창조하고 우리 회사 제품을 입은 고객들을 볼 때 뿌듯함과 자랑스러움을 느낄 수 있는 일"(사원)

(의류 영업) **직무가 존재해야 하는 이유는 무엇이라고 생각하는가?**

"회사의 꽃은 영업이다. 수익을 창출하는 캐시카우의 역할을

하며, 조직의 전체적인 문화를 좌지우지 하는 직무이자 회사의 Main Stream이다." (팀장)

"지금까지 우리 회사를 성장시켜온 직무이며 앞으로도 지속적으로 우리 회사를 성장시켜갈 직무이다" (책임)

"영업은 최초의 창구이자 내부의 조화와 함께 가치를 창출하고 고객과 함께 발전하는 직무이다" (선임)

"매출을 내는 가장 큰 직무이며 우리 회사의 존재 이유이다."

(사원)

(의류 영업) 직무를 수행하는 사람이 갖춰야 할 태도는 무엇인가?

"많은 사람들과의 소통으로 진행되는 업무가 많아서 폭넓은 전문 지식과 학습에 대한 적극성, 열정, 특히 업무에 대한 책임감, 오너십이 필요하다." (팀장)

"꼼꼼히 일의 실수를 체크하고 중간, rechecking" (책임)

"원활한 커뮤니케이션 능력, 창의성, 빠른 의사 결정 및 판단력, 적극성, 불굴주야, 시공간 제약 없음" (선임)

"주인 의식, 목표 의식, 다양한 사고가 있어도 그때 그때 극복하고 다음을 위해 준비하는 자세" (사원)

실습 Sheet | 일의 가치

(   ) 직무의 가치를 다른 사람들에게 설명할 때 당신은 어떻게 소개하는가?

(   ) 직무가 존재해야 하는 이유는 무엇이라고 생각하는가?

(   ) 직무를 수행하는 사람이 갖춰야 할 태도는 무엇인가?

2

플레이어의 경력 목표와 업무 비전을 알고 있는가?

 나는 각 개인의 업무 비전과 경력 목표를 정확하게 파악하고 있는가?

업무 비전과 경력 목표를 파악하는 것이 왜 중요할까?

첫째, 조직의 업무 비전과 개인의 업무 비전, 경력 목표를 연결하기 위해서 필요하다. 쉬운 일은 아니다. 하지만 연결 고리를 찾아내는 노력은 의미가 있다. 연결 고리를 통해 현재 각자가 하는 일의 의미가 더해질 것이다.

둘째, 실제적인 경력 개발을 지원하기 위해 필요하다. 리더로서 관련 업무 수행 기회나 교육 기회를 제공할 수 있다. 필요시 직무 이동에 대한 도움도 줄 수 있다.

셋째, 친밀함을 더하기 위해서 필요하다. 개인의 업무 비전과 경력 목표를 파악하려면 일대일 소통의 과정이 필요하다. 이 과정을 통해 중요한 이야기를 솔직하게 나눌 수 있는 관계로 조금 더 발전할 수 있다.

동기 부여에 있어서 조직의 업무 비전을 함께 만드는 것만큼 중요한 것이 구성원들의 업무 비전과 경력 목표에 관심을 가지는 것이다. 이번 시간에는 이를 위해 필요한 도구와 방법을 학습한다.

경영자의 목소리: 개인의 경력 목표와 업무 비전 파악

동기 부여 측면에서 리더들이 미래 비전에 대한 확신을 가지고 움직여 나가야 하는데 이것이 부족하다고 느낀다. 회사는 구성원들과 함께 성장하길 원한다. 구성원들이 회사의 비전과 자신의 비전을 연결할 수 있도록 메신저 역할을 해야 한다고 생각한다. 시대가 변하면서 개인이 중요하다는 인식이 높아지고 있다. 그렇기 때문에 리더들은 구성원 개인이 무엇을 중요하게 생각하고 어떤 계획을 가지고 있는지 알기 위한 노력을 해야 한다. 더불어 회사의 일을 통해 어떻게 성장할 수 있는지 알려주었으면 한다.

구성원의 목소리: 개인의 경력 목표와 업무 비전 파악

"한 번도 팀장님이 저의 비전에 대해 물어보신 적은 없습니다. KPI도 그냥 통보인 경우가 많았습니다. 비전을 물어봐 주시면 좋을 것 같습니다. 저에 대해 그만큼 관심이 있다는 거니까요. 저에게 맞는 일을 좀 더 주실 수도 있고 목표 잡을 때도 참고해 주실 수 있잖아요. 그리고 회사 비전과 저의 비전이 어떻게든 연결이 되어야 제가 일하는 이유를 찾을 수 있지 않을까요?"

—P그룹 입사 4년 차 선임

"비전까지는 생각하기 어렵고, 발생하는 사고를 해결하기 급급합니다. 안정이 된 후에야 비전을 제시하실 수 있을 것 같습니다. 정해져 있는 연봉과 관련된 개인적 목표는 회사 기준에 의해 수치화되어 있습니다. 하지만 팀의 비전은 정확하게 잘 모르겠습니다."

—30대 초반의 ○○통신사 구성원

"우리 팀장님은 우리 구성원들 각자의 특성을 잘 파악하고 있다고 생각합니다. 그는 수시로 구성원들과 대화 중에도 경력에 대한 질문들을 곧잘 합니다. 구성원들이 각자 무엇이 되고 싶어 하는지 팀장뿐만 아니라 구성원들도 서로 다 잘 알고 있습니다."

– 30대 중반 ○○푸드 구성원

"저는 구체적인 업무 비전이 있지는 않습니다. 일단 회사에 입사하는 것이 목표였기 때문에 구체적인 계획이 아직은 없습니다."

– 20대 중반 H그룹 사원

──────── ▌How to ▌────────

개인의 경력 목표와 업무 비전 파악을 위해 리더가 해야 할 일

리더는 구성원의 직무 전문성과 커리어 개발을 도와야 한다. 전문성을 가진 리더들에게서 지식과 기술을 얻을 수 있도록 구성원에게 좋은 멘토가 되어주는 것은 매우 중요하다. 특히 리더는 구성원과 함께 고민하고 구성원이 성장 비전을 그리도록 도와야 한다. 업무뿐만 아니라 조직에서 리더의 꿈을 펼치도록 경력 경로를 설계하도록 지원해야 한다. 구성원과 경력 및 업무 비전을 놓고 다음의 단계에 따라 진솔한 대화를 해보길 바란다.

1단계: 핵심 질문 파악

경력 및 업무 비전 상담을 위한 핵심 질문을 숙지한다.

2단계: 첫 경력 대화

얘기를 나눌 수 있는 티타임을 통해 일대일로 구성원과 핵심 질문을 확인한다. 최대한 캐주얼하게 진행하면서 의견을 묻는다.

3단계: 주기적 경력 대화

주기적으로(1~3개월 단위) 경력 면담을 실시하여 변동 사항을 수시로 확인하고 업데이트 한다.

───────────────┃ Practice ┃───────────────

경력 상담

예시 Sheet │ **People Insight** (경력 파트)

경력 상담 질문

항목	경력 상담 질문	답변
직무 만족도	•현재 직무에 얼마나 만족하는가?(업무량, 업무 R&R 등) •다른 직무 변경을 원하는가?	

경력 목표	• 향후 개인의 경력 목표는 무엇인가? • 경력 관리상 해보고 싶은 업무 분야는 무엇인가? • 경력 목표와 관련해 가장 고민되는 것은 무엇인가?
학습 및 성장	• 어떤 학습 기회를 제공받고 싶은가? • 경력 개발을 위해 필요한 지원은 무엇인가?
혁신 및 개선	• 개인/팀의 업무 효율을 위해 개선할 점은 무엇인가? • 현재 가장 어렵게 느끼는 업무 분야는 무엇인가?

구성원 경력 목표

구성원	상담 내용(경력 목표)	시기
김○○	패션 머천다이저 : 현재 학원 수강 중, 5년 후 MD 취업 목표	2024. 10. 11
탁○○	커피 전문점 운영 : 직무 비전은 없음	2024.11. 23
노○○	의류 매장 운영 : 비즈니스에 대한 관심이 큼	2025. 1. 17
…	…	…
…	…	…

경력 상담 질문

항목	경력 상담 질문	답변
직무 만족도	•현재 직무에 얼마나 만족하는가?(업무량, 업무 R&R 등) •다른 직무 변경을 원하는가?	
경력 목표	•향후 개인의 경력 목표는 무엇인가? •경력 관리상 해보고 싶은 업무 분야는 무엇인가? •경력 목표와 관련해 가장 고민되는 것은 무엇인가?	
학습 및 성장	•어떤 학습 기회를 제공받고 싶은가? •경력 개발을 위해 필요한 지원은 무엇인가?	
혁신 및 개선	•개인/팀의 업무 효율을 위해 개선할 점은 무엇인가? •현재 가장 어렵게 느끼는 업무 분야는 무엇인가?	

구성원 경력 목표

구성원	상담 내용(경력 목표)	시기

3

플레이어의 핵심 역량(강점)을
충분히 활용하고 있는가?

나는 팀/구성원의 역량과 강점을 파악하고 있는가?

_____

_____

독수리 학교에 입학한 오리 이야기를 들어 보았는가? 독수리 학교 교장은 오리에게 높이 날아 올라 사냥감을 발견하고 잽싸게 잡아오라고 한다. 오리는 아무리 해도 제대로 하기가 어렵다. 독수리 학교 교장은 너의 노력이 부족하기 때문이라고 한다. 오리는 밤 늦도록 혼자 남아 연습해 보지만 노력에 비해 결과는 부실하다. 오리이기 때문이다. 반대로 오리 학교에 독수리가 입학했다고 생각해 보자. 오리 학교 교장은 독수리에게 물에서 오랫

동안 헤엄치는 법을 알려준다. 제대로 될까? 그럴 리가 없다. 이처럼 동물에게도 자신이 잘할 수 있는 강점이 있다. 사람도 물론 저마다 강점이 있다.

리더십의 구루로 손꼽히는 존 맥스웰은 강점과 리더의 역할에 대해서 이렇게 이야기 한다. "고양이는 고양이가 할 일이 있고, 오리는 오리가 할 일을 하며, 독수리는 독수리가 할 일을 해야 한다. 오리를 데려다가 독수리의 역할을 하라고 요구하면 전적으로 리더의 잘못이다. 리더의 역할은 오리를 더 나는 오리로, 독수리를 더 나은 독수리로 향상시키는 것이다. 요컨대 구성원들을 적재적소에 배치해 모두가 잠재 능력까지 발휘할 수 있도록 돕는 것이 리더의 역할이다."

리더가 해야 하는 일은 구성원의 장점을 살리는 일이다. 사람은 약하다. 가련하리만치 약하다. 그래서 문제를 일으킨다. 절차와 여러 가지 잡무를 필요로 한다. 조직의 측면에서 보면 사람이란 비용이자 위협 요소이다. 하지만 일부러 비용을 부담하거나 위험을 감당하려고 사람을 쓰지는 않는다. 누군가를 고용하는 까닭은 그 사람이 지닌 장점이나 능력 때문이다. 결국 리더가 해야 할 일은 구성원의 장점을 생산성과 성과로 연결하고, 그 사람의 약점을 중화하는 것이다.

우리 팀/구성원들은 자신이 가진 역량과 강점에 맞게 적재적소에서 일하고 있는가? 아니 질문보다 앞서 할 질문은 "우리 팀/구성원들은 어떤 역량과 강점을 가지고 있는가?"가 되어야 할 것이다. 이것이 이번에 함께 답을 찾아갈 질문이다.

경영자의 목소리: 팀/구성원의 역량과 강점 파악

강점을 더 강하게 만들어야 한다. "강점 혁명"이라는 도서가 좋은 책이고 참고할 만하다. 상사들은 구성원들의 강점을 잘 알고 있어야 한다. 실무자 역할을 할 때는 강점을 키워 나가는 것이 아주 중요하다.

반면 상위 리더로 성장하는 과정이나 발령 이후를 보면 약점이 발목을 잡는 경우가 많다. 경험이 많고, 연령이 높은 리더와 일을 해보면 그가 가지고 있는 치명적 약점이 조직에 큰 마이너스가 되는 경우가 있다. 타인의 역량을 명확히 알고 관리하기 위해서는 자신의 강점과 약점을 파악하고 관리할 수 있어야 한다. 그 다음에 구성원의 강점과 약점에 관심을 가지고 사람들을 육성해야 한다.

구성원의 목소리: 팀/구성원의 역량과 강점 파악

"구성원들이 어떤 장점과 강점을 가졌는지 알고 있다는 것은 그만큼 구성원 개개인들에게 관심이 있다는 얘기 같습니다. 우리 팀장님은 평상시 구성원들과 차 마시는 시간을 자연스럽게 자주 가지는 편입니다. 평소에 하고 싶었던 얘기들을 그때 나누면 부담이 덜합니다. 우리 팀장님은 그것을 잘 기억하셨다가 되도록 도와 주시려고 노력합니다."

- 30대 초반 K금융사 구성원

"우리 팀장님은 일을 쳐내기에 바쁘시다는 느낌이 듭니다. 누가봐도 구성원 중에 더 잘하는 친구가 있는데도 그때 그때 닥치는대로 일을 배분합니다. 구성원들은 사실 업무 배분에 불만이 있습니다. 개인의 상황과 역량에 맞게 배분되도록 배려했으면 좋겠습니다. 평상시 구성원들과 별로 대화가 없는 편이라 구성원들이 어떤 장점이 있는지 잘 모르시지 않나 싶습니다."

- 20대 후반 IT서비스업 L사 구성원

팀/구성원의 역량과 강점 파악을 위해 리더가 해야 할 일

리더는 '약점 발견자'가 아니라 자신과 직원의 강점을 찾는 '강점 발견자'가 되어, 그들의 강점을 활용해 협업 시너지를 극대화할 수 있는 방법을 늘 고민해야 한다. 다음의 단계를 통해 구성원들의 역량과 강점을 파악해 보길 바란다.

1단계: 준비 및 시간 약속

구성원의 역량 및 강점 상담을 위해 약속 시간을 정한다.

2단계: 강점 면담 실시

애기를 나눌 수 있는 티타임을 통해 일대일로 구성원과 핵심 질문을 확인합니다. 최대한 캐주얼하게 진행하면서 의견을 묻는다.

3단계: 구성원 역할 최적화

강점 면담 결과에 따라 구성원의 강점을 통해 팀의 성과를 극대화할 수 있는 역할을 고민한다.

구성원의 강점 파악하기

예시 Sheet │ 강점 파악

우리 구성원들은 어떤 강점을 가지고 있는가?

1 　구성원 3명의 이름을 적어보자.

2 　구성원의 강점을 strengths finder와 회사의 인재상/리더상의
　　항목을 참고하여 기록하자.

3 　구성원의 강점을 활용하고 잘 발휘할 수 있도록 돕기 위해
　　리더가 해야 할 행동이 무엇인지 생각해서 작성하자.

이름	Strengths Finder	인재상/리더상	강점 활용 방법
홍길동	관계 책임 조정 최상주의	익숙치 않은 업무에서도 여러 자료와 주변의 조언을 적극적으로 활용하여 어려움을 극복함	타 부서와의 협업을 많이 필요로 하는 업무를 부여한다.

이름	Strengths Finder	인재상/리더상	강점 활용 방법

구성원의 강점을 진단할 수 있는 도구는 다음과 같은 것이 있다.

① CliftonStrengths (StrengthsFinder)

- **설명**: 갤럽Gallup에서 개발한 도구로, 개인의 자연스러운 강점과 재능을 34가지 테마로 평가한다.

- **사이트**: Gallup CliftonStrengths

② VIA Character Strengths

- **설명**: VIA Institute on Character에서 제공하는 도구로, 24가지 성격 강점을 평가한다. 주로 긍정 심리학에 기반을 두고 있다.
- **사이트**: VIA Institute on Character

③ HIGH5 Strengths Test

- **설명**: 무료로 제공되는 온라인 테스트로, 개인의 강점을 20가지 범주로 평가한다. 비교적 간단한 절차로 개인의 상위 5가지 강점을 확인할 수 있다.
- **사이트**: HIGH5 Test

④ StandOut Assessment

- **설명**: 마커스 버킹엄Marcus Buckingham이 개발한 도구로, 개인의 강점을 9가지 역할(Connector, Influencer, Teacher 등)로 평가한다.
- **사이트**: StandOut by Marcus Buckingham

⑤ Strengths Profile (formerly known as R2 Strengths Profiler)

- **설명**: 개인의 실현된 강점과 실현되지 않은 강점을 포함한 60가지 강점을 평가한다. SWOT 분석을 통해 강점과 약점을 체계적으로 분석한다.
- **사이트**: Strengths Profile

⑥ Five Behaviors of a Cohesive Team

- **설명**: 패트릭 랜시오니Patrick Lencioni의 "The Five Dysfunctions of a Team"에 기반한 도구로, 팀의 결속력을 평가한다. Everything DiSC 스타일 컴포넌트를 통합하여 팀과 개인의 행동 스타일을 분석한다.
- **사이트**: The Five Behaviors

이 도구들은 구성원들의 강점을 파악하고 이를 효과적으로 활용하는 데 도움을 준다. 각 도구는 다양한 접근 방식을 사용하여 강점을 평가하며, 팀 구성과 개인의 성장을 촉진하는 데 유용하게 사용될 수 있다.

Action Item 1 | Strategic Direction(부서 비전 체계도 수립)

구성원들과 토론을 통해 소속 부서의 업무 비전/목표 수립

함께 일하는 구성원들이 동일한 업무 비전을 가지는 것은 업무 수행에 중요한 동기 부여 요소가 된다. 구성원들과 별도의 워크숍을 통해 전체 구성원이 생각하는 의견을 골고루 담아 업무 비전을 설정해 보길 바란다. 과정 자체만으로도 이미 큰 의미가 있을 것이다.

워크숍을 언제, 어떤 장소에서 진행할지는 생각보다 매우 중요하다. 이왕이면 업무의 연장이라고 느끼게 하기보다는 오랜만에 구성원들과 가볍게 나들이하는 기분으로 참석하도록 도와야 한다. 그래서 장소는 회사에서 하는 것보다는 기분 전환이 될 수 있는 장소를 추천한다. 여유가 있다면 1박 2일 정도로 잡아보면 어떨까 싶다. 워크숍을 프로그램 중 하나로 설계해도 좋을 것이다. 만약 정말 시간이 여의치 않다면 되도록 워크숍을 회사에서 진행하는 것보다는 세미나실을 빌려서 진행하실 것을 추천 한다.

워크숍의 성패는 리더의 역할임을 명심하길 바란다. 충분한 준비를 하길 바란다. 〈기적의 비전 워크숍〉, 〈가치관 경영〉 등 비전 수립 관련 서적들을 참고하는 것도 좋은 방법이다. 성의껏 준비한 리더의 모습에 구성원들의 참여 태도가 많이 달라질 것이다. 구성원 중 한 명을 선정하여 함께 준비하는 것도 방법이다. 그렇다고 그 구성원에게 모든 일을 일임하면 절대 안 된다. 장소, 일정 등 운영에 대한 부분을 도움 받길 바란다. 재미있게 참여를 유도하기 위한 스팟 게임 등을 준비하도록 하는 것도 좋은 아이디어이다.

실제 워크숍을 진행하는 순서는 다음과 같다.

워크숍 진행 순서와 방법

전체적으로 진행은 각 단계별로 개인이 포스트잇에 개인 작업을 먼저하고, 다음에 그 내용을 공유하고 취합하는 과정으로 진행한다. 서기, 물품 조달자 등 미리 역할을 정하고 시작하는 것도 좋다. 의미 있고 재미있는 아이스 브레이킹과 함께 시작하면 금상첨화일 것이다.

1단계: 부서의 미션 만들기

부서의 미션은 한마디로 "우리 부서는 왜 존재하는가?"에 대한 것이다. 궁극적으로 부서가 존재하는 이유이기 때문에 가장 중요한 것이다.

2단계: 부서의 비전 및 목표 만들기

부서의 비전은 "우리 부서가 달성하고자 하는 미래 모습to be은 무엇인가"에 관한 것이다. 목표는 실제 비전을 달성하기 위해서 필요한 구체적으로 수치화된 모습이다. 목표는 되도록 SMART[1]하게 만들어 보길 바란다.

3단계: 부서의 핵심 가치 만들기

부서의 핵심 가치는 일종의 '의사 결정의 기준'이다. 일을 하는데 있어서 부서 구성원들이 중요하게 지켜야 할 덕목이다. 핵심 가치를 정할 때는 평상시 리더로서 중요하게 생각하는 업무 기준이 되는 것을 애기하면서 리더의 의견을 잘 담아내는 것이 중요하다. 구성원들의 의견을 수용하되 리더의 의견도 잘 담기도록 해야 한다.

---

1   SMART: 구체성(Specific), 측정 가능성(Measurable), 행동 지향성 (Action-oriented), 현실성 (Realistic), 적시성 (Timely)

4단계: 구성원과 함께 만든 비전 체계를 상위 리더에게 공유하고 의견을 반영하여 확정한다.

5단계: 조직 내 모든 구성원들이 항상 인지하고 공유할 수 있도록 가까운 곳에 게시하고 수시로 언급한다.

비전 체계도 예시: 의료 회사 TD팀

구분	내용
비전 （Vision）	Multi Brand TD player 독립적인/전문적인 TD 변화하고 발전하는 TD
목표 （Goal）	현지화 교육/현지 Process 확립/사례 Manual Local TD와의 협업 Pattern & Construction Manual 샘플 & 패턴의 data base 전산화 각 브랜드별 Website의 Customer Feedback Review
핵심 가치 （Core Value）	3D, 품질, Technical R&D
미션 **Mission**	회사 매출 증가에 꼭 필요한 팀

비전 체계도 예시: IT솔루션 기업 고객 성공팀

구분	내용
미션 (Mission)	우리는 고객의 제품에 가치를 더하기 위해 존재합니다.
비전 (Vision)	• 고객이 솔루션 개발과 관련하여 어려움을 겪을 때 제일 먼저 찾는 팀이 되고자 합니다. • 회사 내에서 가장 함께 하고 싶은 부서 1위가 되고자 합니다.
목표 (Goal)	• 재무 관점: 매출 성장 전년 대비 10%, 이익률 20%(전년 15%) • 고객 관점: 신규 고객 10사 확보 / 3개사 이상 신규 계약 체결 기존 고객 이탈률 0% • 프로세스 관점: 부가 업무 최소화(분기 1회 폐기 회의 개최) • 학습과 성장 관점: 이탈률 0% 도전(전년도 10%)
핵심 가치 (Core Value)	• 우리는 고객, 거래처 그리고 동료들을 향해 한 걸음 더 나아갑니다. • 우리는 고객과 동료들에게 적절한 시기에 필요한 정보를 제공합니다. • 우리는 반드시 당일에 리턴콜과 이메일을 보냅니다. 고객의 신뢰를 얻기 위해 그들의 요구에 신속하게 조치하고 후속 조치를 행합니다.

워크숍을 위한 준비물은 다음과 같다.

① 포스트잇, 전지, dot 스티커, 네임펜 등

② 다과, 음료 등

비전 체계도

구분	내용
미션 Mission	
비전 Vision	
목표 Goal	
핵심 가치 Core Value	

워크숍 진행시 염두에 둘 사항이 있다. 워크숍의 원활한 진행을 위해서는 리더의 역할이 중요함을 다시 한번 강조한다. 장소와 일정만큼 세부 진행 상황을 예측해서 준비해야 한다. 리더로서 부서를 이끌기 위해서 평상시 생각했던 조직의 방향을 업무비전과 목표로 구체화하여 미리 고민해서 정리해 가길 바란다. 구성원들에게 부서를 어떻게 이끌지를 얘기할 수 있는 기회로 삼길 바란다. 그렇다고 자신의 생각에 맞게 유도해 낼 필요는 없다. 워크숍 결과물이 잘 나오게 하기 위한 윤활유 정도로 활용하길 바란다.

Action Item 2 | 경력 상담

경력 상담은 평가 시즌이 되어 형식적으로 실시하는 모습이면 안 된다. 경력 상담은 같이 일하는 구성원들이 실제 업무에 도움이 될 수 있도록 돕는 도구로 활용해야 한다. 리더십 교육 전문 기관인 '창의적 리더십 센터CCL: Center for Creative Leadership의 연구에 따르면 신세대의 54%가 상사로부터 매달 성장을 위한 피드백을 받거나 더 자주(주 1회 또는 매일) 받기를 원한다고 한다. 그 만큼 젊은 직원들은 리더와 얘기하고 싶어한다.

대화를 나누는 툴로 다음의 경력 상담 질문을 잘 활용해 보길 바란다. 특별히 시간을 만들어서 진행하려고 하지는 말자. 그러면 평가와 같은 연례 행사가 될 수 있다. 그러지 말고 평상시 티타임을 잘 활용해 보길 바란다. 형식에 구애받지 말고 편하게 진행하면 된다. 메모가 여의치 않다면 스마트폰 메모장에 슬쩍 적어 두면 좋다. 경력 상담은 리더의 생각을 강요하는 자리가 아니라 평상시 구성원이 어떤 생각으로 일하는지 리더로서 어떻게 도와야 할지를 듣는 시간이다. 답을 주려고 할 필요는 없다. 구체적인 경력 목표를 질문을 통해 끌어내 보길 바란다.

경력 상담을 위한 예시와 실습 시트는 이 책 160 페이지쪽 Practice를 참고하라.

경력 목표가 없는 구성원의 경우가 있을 것이다. 이 때도 마찬가지로 되도록 리더의 생각을 피력하기보다는 구성원이 정말 원하는 것이 무엇인지 듣는 시간이 되길 바란다. 그 자리에서 답을 줄 필요는 없으며 미팅 후에 고민해도 시간은 충분하다. 그리고 이후에 별도로 시간을 내서 상담을 이어가 보길 바란다. 구성원에 따라서 그가 가진 강점을 잘 연계해서 경력 목표를 함께 고민해보면 더 의미가 있을 것이다.

Action Item 3: 강점 파악

앞서 파악한 3명의 구성원 외에 다른 나머지 구성원들을 대상으로 강점을 파악한다. 방법은 동일하다. Strengths Finder의 각 항목을 보면서 구성원의 강점을 적어본다. 관련된 인재상 및 리더상을 적어 본다. 그리고 마지막으로 리더로서 해당 구성원의 강점을 어떻게 하면 효과적으로 활용하여 팀 성과를 극대화할 수 있을지 고민해 본다.

구성원 강점 파악

이름	Strengths Finder	회사의 인재상	강점 활용 방법

지난 1개월 동안 했던 일을 돌아보며

 생각해 보기 **Think Wise**

'업무 비전 제시'를 중심으로 한 대화를 하면서 당신이 배우고,

느끼고, 알게 된 사실은 무엇인가?

사실 이번 장에서 학습한 내용은 각 활동들이 유기적으로 연계가 되어있다. 부서 비전 체계도를 전체 큰 그림으로서 먼저 그리고 나서, 부서의 비전 내지는 성과를 달성하기 위해서 구성원들을 한 방향으로 정렬하는 것이다. 한 방향 정렬을 위해 구성원 개개인의 경력 목표와 강점을 파악하는 것이다. 리더는 구성원들의 특성과 역량을 제대로 파악하여 업무 배분 등 최적의 업무 분위기를 만들 수 있어야 한다.

1. 부서 비전 체계도 수립(Strategic Direction)

- 워크숍 진행 후 현장에서 도출한 결과물을 잘 정리한다.
- 문서로 잘 정리해서 구성원들에게 공유한다.
- 비전 체계도를 눈에 잘 띄는 곳에 게시한다.
- 리더는 업무 상황 가운데 수시로 비전 체계도의 내용을 언급하면서 강조한다.

2. 경력 상담

- 경력 상담은 1회로 끝나는 것이 아니다.
- 1달 1회 정도의 목표를 세우고 꾸준히 실천해 보길 바란다.
- 경력 목표는 업무 상황에 따라 바뀔 수도 있다. 그래서 변화 여부를 수시로 체크할 필요가 있다. 거창하게 경력 목표 상담이라고 생각하지 말고, 평상시 대화의 도구로 활용해 보기 바란다.

3. 강점 파악

구성원의 약점이 어쩌면 그렇게 강점보다 더 크게 잘 보이는지 교정해주고 싶은 마음에 먼저 질책하고 충고하는 행동이 앞서게 된다. 서던 캘리포니아대의 나타네얼 패스트 교수는 한 실험을 통해 무능함과 공격성의 상관 관계를 연구하면서 본인이 높은 권력을 가진 사람이라고 여길 경우 무능할수록 공격적인 측면이 있다는 것을 발견한다. 무능한 상사일수록 직원에게 더 가혹하다는 것이다. 그의 연구에 따르면 승진할수록 자신의 무지를 드러내지 않기 위해 '아는 체'를 하기 위한 가장 쉬운 방법으로 직원들의 생각이나 아이디어를 폄하하고 능력을 제대로 인정하지 않는다는 것이다.

　강점이론가인 도널드 크리프턴에 따르면 성공한 사람들은 재능과 성격에 맞지 않는 약점에 에너지를 쏟는 대신 강점을 최대로 활용하는 법을 깨닫고 실천한다고 한다. 이제 상하 관계 패러다임에서 나온 상사의 행동인 '칭찬과 질책' 대신 강점에 집중하는 '인정과 격려'의 리더십을 발휘해야 한다. 리더는 자신과 직원의 강점을 찾는 '강점 발견자'가 되어야 한다. 당신은 훗날 직원들에게 어떤 리더로 기억되고 싶은가?

20 년 월 캘린더

내가 관심을 가지고 해야 할 일

....

....

....

....

....

....

....

....

언제 할 것인가

일(日)	월(月)	화(火)	수(水)	목(木)	금(金)	토(土)

20 년 월 캘린더

내가 관심을 가지고 해야 할 일

언제 할 것인가

일(日)	월(月)	화(火)	수(水)	목(木)	금(金)	토(土)

20 년 월 캘린더

내가 관심을 가지고 해야 할 일

....

....

....

....

....

....

....

....

....

언제 할 것인가

일(日)	월(月)	화(火)	수(水)	목(木)	금(金)	토(土)

아래의 글을 읽고 다시 한번 질문에 답해 보자.

생각해 보기   **Think Wise**

"리더십의 핵심은 비전을 제시하는 것이다. 그리고 비전은 어떤 경우에라도 명확하게 제시되어야 한다. 제대로 소리도 못 내는 트럼펫에는 아무도 귀를 기울이지 않는다."

– 시어도어 헤스버그(Theodore Hesburgh)

Q 나는 명확한 비전을 제시하고 있는가?

If you don't write it down, it doesn't exist.

아래의 글을 읽고 다시 한번 질문에 답해 보자.

생각해 보기　　　　　　　**Think Wise**

"위대한 그룹을 만들기 위해 리더가 할 수 있는 최선의 일은 각각
의 구성원들이 스스로의 위대함에 눈뜨게 하는 것이다."

– 워렌 베니스(Warren Gamaliel Bennis)

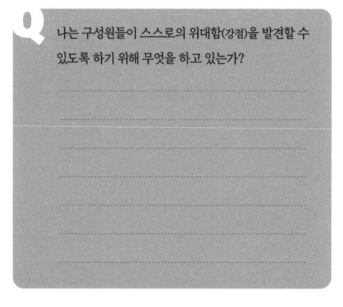

나는 구성원들이 스스로의 위대함(강점)을 발견할 수
있도록 하기 위해 무엇을 하고 있는가?

If you don't write it down, it doesn't exist.

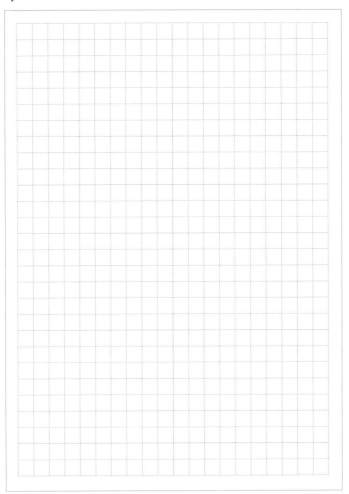

If you don't write it down, it doesn't exist.

일터는
가기 싫지 않은
곳이
되어야
한다

일터는 가기 싫지 않은 곳이
되어야 한다

회사 생활을 하면서 회사에 가고 싶었던 날이 몇 번 정도 되는가? 혹시 일요일 저녁이 되면 내일 회사에 가서 동료들이나 구성원들을 만난다는 생각이 절로 미소가 지어지고 행복해지는가? 그렇다면 그건 회사에 갈 일이 아니다. 당장 병원부터 알아봐야 한다. 일터는 그냥 일을 하는 곳이다. 행복하고 즐거움이 가득한 곳이 되려면 그냥 놀이 동산에 가야 한다. 놀이 동산에도 끌려온 사람들의 표정은 행복하지 않은 경우가 많다. 그러니 일터는 출근하고 싶어 안달나는 곳, 매일 매일 설레는 곳으로 만들겠다는 이상적인 생각은 당장 버려라. 리더가 만들어야 하는 것은 분위기이다. 자기 주도적인 존재들이 자율적으로 뭔가를 할 수 있는 분위기, 그걸 만드는 것이 리더가 해야 할 일이다.

동기 부여의 세 번째 주제인 '자율적 분위기 조성'이다.

/핵심 질문/

구성원들이 자율적으로 일할 수 있는 분위기를
조성하고 있는가?

Are you creating an atmosphere in which members can work autonomously?

이번 시간에 우리는 '자율적 분위기 조성'에 대해서 다룰 것
이다. 지난 시간은 구성원들을 동기 부여하기 위해 업무 비전
제시 즉, 조직의 방향을 설정하고, 제대로 설명하며, 그것을 개
인의 방향과 연결시키는 것에 관한 이야기를 나누고, 과제를 수
행했다. 이번 시간에는 구성원들의 동기를 높이기 위해서 '구
성원들이 자율적으로 일할 수 있는 분위기를 어떻게 만들 것인
가?'에 대한 주제를 다룰 예정이다.

여러분은 자율적으로 일하고 있는가? 자율적으로 일한다는
것은 실제로 어떤 환경에서 어떤 자세로 일하는 것인가? 자율
Autonomy의 사전적 정의는 '타인의 지배나 구속을 받지 아니하고
자기 스스로의 원칙에 따라 어떤 일을 하는 것'이다. 그렇다면
자율적으로 일한다는 것은 ① 타인의 지배나 구속은 없어야 하
고, ② 스스로의 원칙은 있어야 하며, ③ 이런 상황에서 어떤 일

을 해낸다는 것이다.

신입 사원으로 첫 출근하던 날이 기억나는가? 지금과는 많이 다른 모습일 것이다. 모든 사람이 처음 회사에 들어올 땐 시키는 것도 제대로 못하는 상태이다. 그런데 시간이 지나면 시킨 것을 하는 사람이 된다. 그런데 이 지점에서 두 가지 갈림길이 있는 것 같다. 하나는 알아서 잘 하는 사람이 되는 길이고 또 하나는 시키는 일만 하는 사람이 되는 길이다. 이 두 가지 갈림길에서 여러분은 어떤 길로 걸어왔는가? 그리고 어떤 길로 구성원들은 이끌고 있는가? 어떻게 하면 첫 번째 길로 조직을 이끌어 갈 수 있을지 이번 시간에 함께 찾아가 보도록 하자.

▌경험 공유 ▌

구글Google의 아리스토텔레스 프로젝트

기술은 발전하는데 왜 생산성은 그만큼 늘지 않을까? 세계 경제학자들이 난제로 여기는 '생산성의 수수께끼productivity puzzle'다. 구글은 이 문제에 대한 해답을 사람 간의 관계에서 찾았다.

구글은 2012년 '전체는 부분의 합보다 크다'는 아리스토텔레스의 명언을 차용해 산소 프로젝트 성공의 후속작으로 '아리스토텔레스 프로젝트'를 발족했다. 목적은 그룹 간 생산성 차이를 해결하는 방법을 연구하는 것이었다.

엔지니어, 통계 전문가, 심리학자, 사회학자 등 전문가가 모여 구글 내 180개가 넘는 팀을 분석해 생산성이 좋은 팀의 비결을 찾기 시작했다. 프로젝트 아리스토텔레스 연구원들은 팀 내 생산성을 높일 수 있는 구성원들의 규범을 찾는 데 4년의 시간을 쏟았다. 그렇게 해서 생산성 높은 구성원들이 '불문율'로 묘사했거나 '팀 문화'의 일부라고 설명했던 사례를 추려냈다.

구글의 최고인적자원관리책임자CHRO인 레슬리 복은 2015년 말 연구 결과 발표에서 "생산성을 높이는 데 업무량이나 물리적인 공간은 크게 중요하지 않다"라며 "중요한 것은 발언권(타인에 대한 배려)과 사회적 감수성(공감)"이라고 말했다. 서로의 주장만 펼치다 불협화음으로 팀이 와해하는 경우 생산성 하락으로 이어진다는 것이다. 성공하는 그룹(팀)에서는 서로 배려하고 공감대 형성이 매우 잘 이뤄졌다. 예를 들어 무언의 강요나 누군가의 목소리에 구성원이 따라가는 것이 아닌 구성원 모두가 함께하며 실패에 대한 두려움을 버리는 등의 분위기가 중요했다.

'사회적 감수성(공감)'이 부각된 것은 통념을 깨는 연구 결과였다. 회사 내에서 직원들이 공사를 구분하는 것이 마냥 좋기만 한 것은 아니었다. 프로젝트 아리스토텔레스에 참여한 줄리아 로조

브스키 구글 인력분석팀 구성원은 "삶의 대부분을 직장에서 보내는데 가면을 쓰고 살아가면 행복한 삶이라고는 할 수 없을 것"이라며 "최고의 팀에서 구성원들은 서로에게 귀 기울이고, 그들이 무엇을 느끼고 원하는지 더 민감하게 반응한다"라고 말했다. 구글은 심리학 전문용어를 인용해 이를 '심리적 안전'이라고 설명했다. 라즐로 복은 "직원이 직장에서 행복하게 일할 수 있게 도와야 생산성이 극대화된다는 믿음은 변하지 않았다"라며 "직원들이 함께 일하는 사람들 사이에서 최고의 제품과 아이디어를 낼 수 있도록 가장 생산적이고 끈끈한 팀을 만들 수 있는 방법을 강구하고 있다"고 말했다.

- 〈중앙일보〉, 생산성 수수께끼, 구글은 이렇게 풀었다

사례 2 다신뢰 선임 이야기

영업 본부의 입사 5년 차 다신뢰 선임의 팀장은 대부분의 업무를 위임하고 문제가 생기거나 중요한 것만을 서로 의논하기 원한다. 다신뢰 선임의 팀장은 '현업이 가장 잘 안다'라는 마인드를 갖고 있다. 권한을 위임할 때 '나는 너를 믿는다'라고 말한다. 발주를 했다고 말씀드리면 "역시 네가 일처리는 깔끔하게 잘해"라고 말한다. 이 말이 마치 다신뢰 선임에게는 주문과 같았다. 실수가 항상 완전히 없을 수는 없기에 이런 말을 들으면 자기

가 일을 항상 완벽하게 완수할 수 있다는 믿음이 생기기보다 '조금 덜하겠지'라는 생각을 하게 만든다. 그만큼 팀장님도 나를 믿고 그 신뢰를 유지하려고 노력하시는 것 같아 더 동기 부여를 받았다. 마치 주문같이 '난 잘할 수 있다'라는 생각이 든다. 의류 본부는 바이어별로 소규모 팀이 독립적으로 나뉘어져 있기 때문에 자율적으로 일할 수 있게 권한을 위임하고 서로에 대한 신뢰를 유지하는 것이 너무나 중요하다고 다신뢰 선임은 말한다.

사례 3

해외 영업을 담당하는 나감동 사원

해외 영업을 담당하고 있는 입사 2년 차 나감동 사원의 팀장은 실수를 했을 때 너무 늦지 않았다고 말하면서, 다시 한번 흐름을 보고 사실에 입각하여 그것을 빨리 고치고 수정해서 다시 할 수 있도록 업무의 방향성과 수정 사항을 정확하게 지적해 주었다. 중간 중간에 나감동 사원이 알고 있지 않는 지식이나 경험 등을 말해주면서 조언을 한다. 간혹 어려운 사례나 용어도 설명해 준다. 실수가 있었을 때 '너 때문에 얼마나 손실이 있는 줄 알아?'라고 말하는 것이 아니라 '나는 에이전트가 나의 구성원을 욕하는 것이 싫다'라고 말하면서 다시 어떻게 실수하지 않을 수 있는지 함께 고민해 주는 모습에 감동한 사원은 오히려 이번 사건을 통해 배움을 얻을 수 있었다.

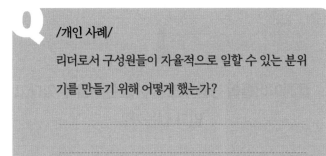

/개인 사례/

리더로서 구성원들이 자율적으로 일할 수 있는 분위기를 만들기 위해 어떻게 했는가?

1

플레이어들이 능동적으로 일을 완수할 수 있다고 믿고 있는가?

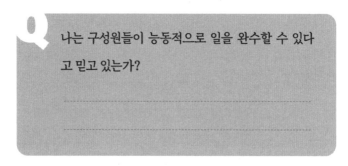

Q 나는 구성원들이 능동적으로 일을 완수할 수 있다고 믿고 있는가?

_____

_____

〈언리더십〉의 저자인 닐스 플래깅Niels Pflaeging의 이야기를 통해 함께 생각해보자.

1960년 MIT의 경영학 교수였던 더글라스 맥그리거Douglas McGregor는 X-Y이론Theory X, Theory Y을 얘기했다. 세상에 두 가지 유형의 사람이 있다고 가정해보자. 첫 번째, X형 인간은 남의 지시를 받고 움직이는 것을 편안하게 생각하며 연봉의 크기가 직업 선택의 주요 이유가 되는 수동적인 인간형이다. 두 번째, Y형 인간은 노동을 놀이와 같이 좋아하며 남들의 지시를 받기보다는 자기 의지대로 움직이기를 선호하고 능력 발휘와 자아 실현을 하기 위해 지금의 직장을 선택했다고 믿는 능동적인 인간형이다.

만일 누가 여러분에게 스스로가 X형 인간인지, Y형 인간인지를 묻는다면 무엇이라고 답하겠는가? 수많은 워크숍에서 이 질문에 거의 모든 사람들이 스스로를 Y형 인간이라고 답했다. 그런데 질문을 바꿔보자. 여러분의 직장에서 함께 일하는 동료들 중에 X형 인간이 몇 %나 되는지 적어보자. 이 경우, 많은 사람들이 10%에서 20%의 동료들은 X형 인간인 것 같다고 대답했다.

이 두 가지 대답은 분명히 모순이다. 스스로는 모두가 Y형의 능동적 인간이라고 얘기하면서 직장 동료에 대해서는 X형 인간이 상당수 존재한다고 믿는 것이다. 두 대답 중 하나는 사실이 아니다. 이러한 불일치는 어디서 발생하는 것일까?

경영자의 목소리: 신뢰유지

자율만 강조하다 보면 책임감이 부족해질 수 있다. 그럼에도 자율성을 기반으로 한 퍼포먼스가 더 뛰어날 수밖에 없다고 믿는다. 따라서 리더는 구성원에게 자율에 합당한 책임을 부여하고 구성원이 맡은 바 책임을 다할 수 있다는 믿음을 가져야 한다. 리더가 구성원에 대한 믿음과 그 신뢰를 유지할 수 있어야 구성원이 자율성에 기반을 둔 재미와 몰입을 느끼고 책임감을 발현할 수 있는 환경을 조성할 수 있다.

구성원의 목소리: 신뢰유지

"저희 팀장님은 대부분 업무를 프로젝트 단위로 담당자에게 맡기는 편입니다. 보고는 담당자가 알아서 하고 대부분의 경우에 큰 이슈나 문제가 발생하지 않는 한 끝까지 가는 편입니다. 그런데 가끔 사소한 문제에 대해 직접 이야기하실 때가 있습니다. 이럴 때는 저를 잘 믿지 못하고 계신다는 생각이 듭니다."

－L전선 6년 차 책임

"상사가 자기의 업무 스타일을 강요하실 때 자율이 아니라 간섭으로 느껴집니다. A가 틀려서 B를 가르쳐 주시는 것은 이해하는데 A나 AA나 본질적으로는 같고 업무 스타일의 차이인데 자기에게 맞는 업무 스타일(대문자, 말투 등)을 강요하십니다. 서로 다른 업무 스타일에 관해 이야기해도 "내가 너보다 더 오래 일했고 이게 더 효율적이다"라고 일방적으로 말하십니다."

- K은행 본점 20대 행원

"너무 자율을 강조하다 보니 방임이 되어 버리는 경우도 있습니다. 이 경우 지나친 자율 때문에 기초적인 통제가 이루어지지 않는다는 생각이 듭니다. 어떤 방향으로 하자고 해도 "아, 싫어, 뭐하러 하는 거야" 등 우선 반감을 가지는 경우가 있습니다. 자율과 동시에 방임이 되지 않도록 책임을 부여하는 것이 어렵습니다."

- 판교 IT 회사 30대 초반 구성원

"스스로 기한이나 목표를 스스로 설정하게끔 유도합니다. 아주 급할 때는 언제까지라고 기한을 제시하지만, 가급적 본인 스스로 말하게끔 합니다. 결과에 대해서만 추궁을 하지는 않습니다. 특히 최초 실수에 대해서는 비난하지 않습니다. 대신 반복되는 문제에 대해서는 피드백을 합니다. 자율을 준 만큼 책임을 져야 합니다."

- 40대 중반 D 유통 기업 팀장

신뢰를 유지하기 위해 리더가 해야 할 일

신뢰를 쌓고 유지하기 위해서는 상호 간의 노력이 필요하다. 직원들을 신뢰한다는 것을 명확하게 정의해 보자. 그리고 구체적인 방법을 논의해보자.

신뢰 형성을 위한 13가지 방법

〈존중하라〉(폴 마르시아노)에서 인용 및 재구성함

① **약속을 지킨다.**

'내가 바로 전화할게' 같은 사소한 약속도 지킨다. 약속은 신뢰의 출발점이다.

② **실수를 인정한다.**

실수를 깨닫는 즉시 인정하고 책임진다. 신뢰도는 즉시 높아진다.

③ **직원들에게 공을 돌린다.**

직원들이 각자 기여한 만큼 합당한 공로를 인정한다.

④ **총대를 멘다.**

상황이 좋지 않을 때는 비난의 화살을 자신이 맞더라도 직
원들을 보호한다. 직원들은 크게 고마워하며 신뢰로 보답
할 것이다. (사람들 앞에서는 직원들을 보호하고, 따로 불러 '기
대만큼 일이 진행되지 않아 걱정된다'고 이야기할 수 있다.)

⑤ **솔직하게 이야기한다.**

민감한 사안이나 좋지 않은 소식이 있으면 최대한 빨리 진
정성 있게 전달한다. 관리자에게 들어야 할 소식을 다른
사람에게 들으면 신뢰가 손상된다.

⑥ **투명성을 중시한다.**

정보를 공개하지 않거나 비밀리에 의사 결정을 진행하는
리더는 직원들을 믿지 못하는 신뢰할 수 없는 사람으로 평
가된다.

⑦ **적극적으로 커뮤니케이션을 한다.**

개별 면담, 팀회의, 회의록 공유 등을 통해 지나치다 싶을
만큼 소통을 중시하는 것이 좋다. 직원들은 지속적으로 정
보가 제공될수록 신뢰받는다고 느낀다.

⑧ **비밀을 유지한다.**

'오프 더 레코드'로 들은 이야기는 비밀로 한다. 단, 직원들이 자신에게 비밀로 할 수 없는 내용을 말할 것 같으면 그 이야기를 듣기 전에 알려줘야 한다.

⑨ **공금을 사용할 수 있는 재량을 부여한다.**

관리자의 승인 없이도 공금을 사용할 수 있는 재량을 부여하는 것은 신뢰를 표현하는 효과적인 방법이다. 회사 규정상 가능한 범위 내에서 공금의 액수를 정해주는 것이 좋다.

⑩ **자율성을 더 많이 부여한다.**

직원들의 자율성과 의사 결정 권한을 늘림으로써 직원들의 능력과 판단력에 대한 신뢰를 보여준다. 직원들과 개별 면담을 갖고, 어느 정도 권한을 추가로 맡고 싶은지 의견을 듣는다.

⑪ **들은 내용을 확인한다.**

직원들은 아무리 얘기를 해도 관리자가 직원들의 우려사항을 충분히 이해하지 못할 것이라는 걱정이 있다. 직원들의 이야기를 듣는 도중에 질문을 하고, 중요한 내용은 받아 적고, 적은 내용을 읽어 확인해주고, 자신이 직원의 말을 정확하게 이해했는지 다시 물어봐야 한다.

⑫ **모르는 것은 솔직하게 인정한다.**
누군가의 질문에 솔직하게 '잘 모르겠다'고 답하면 오히려 신뢰도가 높아진다.

⑬ **플레이어에게 직접 '믿는다'고 말한다.**
어려운 업무를 맡은 직원이 찾아와 걱정된다고 할 때 "애초에 자네를 믿었기 때문에 이 일을 맡긴거야" 라고 말한다. 물론 필요한 경우 직원에게 도움을 제공한다.

직원들과의 신뢰를 유지하기 위한 연습

예시 Sheet │ 신뢰 유지

---

1 직원들과의 '신뢰'는 무엇을 뜻하는지, 그 정의를 기록해
보자.

> 신뢰는 _____이다.

2 직원들을 신뢰하기 위한 나의 노력과 행동을 나눠보자.

> How To(신뢰형성을 위한 13가지 방법)를 참고한다.

3 의견을 나누며 배운 것과 실천할 것을 정리해 보자.

> 구체적인 실천 행동 3가지를 찾아본다.

실습 Sheet

1   직원들과의 '신뢰'는 무엇을 뜻하는지, 그 정의를 기록해 보자.

2   직원들을 신뢰하기 위한 나의 노력과 행동을 나눠보자.

3   의견을 나누며 배운 것과 실천할 것을 정리해 보자.

2

플레이어들이 실패로부터 배움을 얻을 수 있도록 돕고 있는가?

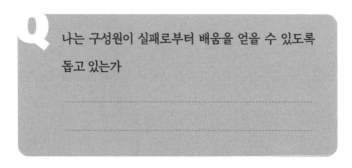

> **Q** 나는 구성원이 실패로부터 배움을 얻을 수 있도록 돕고 있는가
>
> _____
>
> _____

우리가 투자자라고 생각해 보자. 우리 앞에 실패를 감추는 사람이 있고 실패를 살리는 사람이 있다. 우리 앞에 실패를 감춰야 하는 조직이 있고 실패를 통해 학습하는 조직이 있다. 여러분은 어떤 사람에게, 어떤 조직에게 투자하겠는가? 답은 자명하다. 그런데 현실은 그렇게 녹녹하지 않다. 실패를 감추는 행동이 현명하다고 생각하고 실패를 감추는 조직이 높은 평가

를 받기도 한다.

왜 그럴까? 실수와 실패를 감추는 것은 어쩌면 더 본능적인 것 같다. 오히려 실수와 실패를 인정하고 드러내는 것은 용기를 필요로 한다.

실수와 실패를 말할 수 있게 용기를 주는 리더는 좋은 리더이다. 그런데 용기를 내지 않아도 말할 수 있는 조직을 만드는 리더는 최고의 리더이다. 이번 시간엔 이를 위해 필요한 도구와 방법을 학습해 보겠다.

경영자의 목소리: 실패에서 배우기

실패와 실수의 반복은 차이가 있다. 특히 실수가 반복되는 것을 용납해서는 안 된다. 반복되는 실수가 문제를 일으킴에도 불구하고 이 상황에 경각심을 갖지 않는 것은 잘못된 리더의 행동이다. 반면 실패란 도전하고 노력하는 과정에서 우리가 모든 결과를 최상으로 만들지 못했을 때를 말한다. 이때 우리는 실패의 과정으로 통해서 무엇을 배웠는지 기록하고 관리해야 한다. 이것이 다음 세대를 위해서 선배 세대들이 해야 할 일이다. 실패의 원인이 밖에 있다고 생각하는 것이 가장 문제이다.

구성원의 목소리: 실패에서 배우기

"사고가 발생하면 놓쳤다는 표현을 많이 합니다. 영업은 시간적으로 너무 많은 일을 하다 보니까 이런 표현을 하게 됩니다. 사고가 일어났을 때 "네가 잘못했잖아"라고 추궁하면 유능감이 떨어지고 "끝났으니까 이제 괜찮아"라고만 말하면 죄의식이 느껴집니다. 하지만 저희 팀장님은 사고 발생 후 일정 기간 동안 구두상으로 확인하시거나 혹은 본인 메일을 더 꼼꼼하게 확인하시면서 체크해 주십니다. 그 이후에 누가 봐주고 체크해 준다는 것 때문에 제가 받는 중압감이 덜어집니다. 이처럼 피드백을 상시로 주는 게 많은 도움을 주고 이를 통해 배우게 됩니다."

- 입사 5년 차 S푸드 선임

▌How to ▌

실패로부터 배움을 얻기 위해 리더가 해야 할 일

실수와 실패가 패배감과 수치감으로 귀결되는가 아니면 학습과 성장으로 이어지는가를 결정하는 것은 바로 리더의 반응이다. 이때가 질문과 피드백이 사용될 순간이다. 리더십 발휘의 기회이다. 다음은 실수와 실패가 발생 시 리더가 어떻게 구성원에게 반응해야 하는지를 보여준다.

1단계: 사람에 대한 '화'를 참고 문제에 대한 '해결'에 집중한다.

2단계: 해당 담당자에게 '질문을 통해' 문제의 원인을 함께 찾는다.

3단계: 문제 해결에 대한 리더의 의견을 설명한다.

4단계: '우선 급한 불을 끕니다'

　　　　(해결 단계로 리스크 챕터에서 구체적으로 다룸)

5단계: 상황을 복기하며 담당자와 리더가 변화해야 할 개선점을 도출한다.

6단계: 변화가 필요한 개선점에 대해서 합의한다.

7단계: 본인 스스로에게 또 담당자에게 성장을 돕는 성찰 질문을 한다.(ex. 무엇을 느끼고 배웠는가?)

실패를 통해 배우기

예시 Sheet | 실패에서 배우기

다음 프로세스를 활용해 구성원의 실패 상황에서 과거에 어떻게 행동했는지 본인의 반응과 행동을 기록해 보고 향후 어떻게 행동할지 작성해 보자.

프로세스	사례 작성
상황	**최근 업무상 구성원의 실패(실수) 상황을 구체적으로 기술합니다.** * YKK 지퍼 발주 사고(사이즈 오류) 원인: 업데이트 스펙을 제대로 확인하지 못하였고 Material list를 잘못 작성 과정: Latest updated spec 확인 → 오발주 인식 → 추가 발주(보고) 결과: Pocket Zipper 재발주. 생산 투입 지연 없었음
나의 반응과 행동	**실패(실수) 상황에 대한 나의 반응과 행동을 기록해봅니다.** Best solution을 찾았는지 비용을 최소화시켰는지 파악 → 슬라이더 재사용하여 비용 40% 절감 → 담당자로부터 재발 방지 대책 작성 & 공유 사고 비용에 따라 감정이 달라질 때가 있었다.
성찰	**다음에 유사한 실패(실수) 상황이 발생했을 때 이를 통해 구성원이 더 잘 배우고 성장하도록 돕기 위해서 필요한 행동은 무엇일지 기록해봅시다.** 사고 리스트를 만들어서 구성원들과 공유

실습 Sheet │ 실패에서 배우기

프로세스	사례 작성
상황	**최근 업무상 구성원의 실패(실수) 상황을 구체적으로 기술합니다.** 원인: 과정: 결과:
나의 반응과 행동	**실패(실수) 상황에 대한 나의 반응과 행동을 기록해 봅니다.**
성찰	**다음에 유사한 실패(실수) 상황이 발생했을 때 이를 통해 구성원이 더 잘 배우고 성장하도록 돕기 위해서 필요한 행동은 무엇일지 기록해 봅시다.**

3

플레이어들이 용기를 내지 않고도
말할 수 있는 분위기를 만들고 있는가?

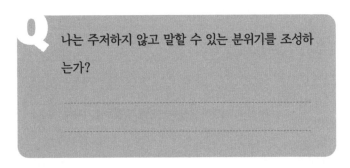

나는 주저하지 않고 말할 수 있는 분위기를 조성하
는가?

자율적 분위기 조성과 관련한 마지막 질문은 구글에서 말하
는 탁월한 팀의 핵심적인 조건인 심리적 안전감과 매우 깊은 관
련이 있다.

심리적 안전감이란 내 생각이나 의견, 질문, 걱정, 혹은 실수
가 드러났을 때 처벌받거나 놀림 받지 않을 것이라는 믿음을 말
한다. 통상 많이 쓰이는 에드몬드슨 교수의 측정 도구에서는 다

음과 같은 질문들이 포함되어 있다.

① 내가 이 일에서 실수를 하면 그걸로 비난을 받는 경우가 많다.

② 이 조직에서 남들에게 도움을 구하기가 어렵다.

③ 내 관리자는 내가 전에 한 번도 해보지 않은 걸 해내는 방법을 배우거나 혹은 새로운 일을 맡도록 격려하는 경우가 많다.

④ 내가 만약 다른 곳에서 더 나은 일을 구하려고 이 회사를 떠날 생각이 있다면 나는 그에 대해 내 관리자랑 이야기를 나눌 것이다.

⑤ 내가 나의 관리자에게 문제 제기를 하면 그는 내가 해결책을 찾도록 도와주는 일에 그다지 관심을 보이지 않는 경우가 많다.

①,②,⑤번 문항은 역질문Reverse coded이다. 즉, 긍정적으로 답할수록 심리적 안전감이 낮은 것을 뜻한다. 이 5가지 질문에 여러분은 어떻게 답하겠는가?

경영자의 목소리: 분위기 조성

자율과 책임의 기업 문화를 만들었으면 좋겠다. 미래를 준비하는 우리의 문화는 누구나 의견을 쉽게 이야기할 수 있고 불합리하며 틀에 박힌 것들에 대항해 항상 새로운 도전을 하는 문화여야 한다. 또한, 스스로 개선을 실행해 나가며 부족한 부분은 서로가 머리를 맞대어 더 나은 방법을 찾는 문화, 서로의 강점을 내 것으로 만들 수도 있는 문화, 또 고객의 접점에서는 회사의 방향에 맞춰 스스로 빠르게 의사 결정을 할 수 있는 문화여야 한다. 우리는 자율과 책임을 바탕으로 이러한 문화를 만들어 가야 한다.

구성원의 목소리: 분위기 조성

"저희 팀장님은 구성원들과 소통하려고 노력하시고, 구성원들의 업무에도 관심이 많습니다. 하지만 의견을 자유롭게 내더라도 반영되는 바도 없고, 오히려 구성원들의 의견을 무분별하게 수용하다 보니 개인에게 업무가 과중하게 편중되기도 했습니다. 그러다 보니, 점점 의견을 내는 것도 부담이고, 의견을 내더라도 그에 따른 결과물이 없으니 소통하는 시간이 아깝기도 하고 무의미하다고 생각합니다. 더 큰 문제는 이러한 애로 사항을 팀장님께서 인지하지 않고 계시다는 것입니다."

- 20대 중견IT기업 구성원

"지금 팀장님은 어떨 때는 강압적이셔도 상황이 맞으면 우리가 낸 의견을 수용하시는 경우가 있습니다. 저의 의견이 실질적으로 반영이 되는 걸 보니까 더 자유롭게 얘기할 수 있는 분위가 되어간 것 같습니다."

- 입사 8년 차 D제약 책임

▌How to ▌
자율적 분위기 조성을 위해 리더가 해야 할 일

1 리더 본인이 스스로 우리 팀의 "주저하지 않고 말할 수 있는 분위기"에 대한 정의를 명확히 한다. 정의와 더불어 현재 수준을 점수화시켜 본다. (10점 척도)

2 구성원들의 Needs와 Wants를 파악한다.
구성원들이 바라는 주저하지 않고 말할 수 있는 분위기란 무엇인지 그리고 현재 수준을 파악한다. (10점 척도)

3   차이 확인(파악)

정의와 점수 차이를 정확히 파악한다.

4   차이를 좁히는 방법을 찾는다.

차이를 좁히는 구체적인 방법들을 논의하고 도출하여 결정
한다.

브레인 라이팅 기법을 활용하거나 해당 리더는 미팅에서 해
당 리더를 제외하고 구성원끼리 미팅을 진행하는 방법 등을
활용할 수 있다.

주저하지 않고 말할 수 있는 분위기 조성해보기

예시 Sheet

'주저하지 않고 말할 수 있는 분위기'를 정의해보자.

구분	활동
Definition	**주저하지 않고 말할 수 있는 분위기를 한 문장으로 정의해보자.** 질문에 의한 대답이 아닌 스스로 말을 하고 기존의 방식을 벗어나더라도 수용 가능하며 법인, 팀 내, 바이어 모두에게 의견을 물을 수 있는 분위기
Do	**그렇게 되기 위해 새롭게 시도하거나 증가해야 할 것을 기록해보자.** • 다양한 의견을 청취하고 공통되는 의견이 있다면 적용하기 위해 고려하고 실행한다. • 과한 자유로운 발언은 오히려 혼란을 야기하므로 목표/비전에 대한 가이드 라인이 필요하다. 따라서 의견을 일단 청취하되, 보완 사항, 필요 사항 등을 구체화할 수 있도록 유도한다. • 왜 그런 생각을 했는지에 대한 이유를 묻는다.
Don't	**그렇게 되기 위해 제거 혹은 감소해야 할 것을 기록해보자.** • 부정적인 선입견을 갖지 않는다. (새로운 발견, 의견에 대한 오픈 마인드가 필요하다.) • 기존 틀을 강요하지 않는다. (물론 꼭 필요한 사항이 있을 수 있으나, 깰 수 없다는 인식을 가지지 않도록 한다.) • 의견을 듣고서도 피드백을 주지 않는 일이 없도록 한다. 짜증 내거나 화내지 않는다.

실습 Sheet

'주저하지 않고 말할 수 있는 분위기'를 정의해 보자.

구분	활동
Definition	주저하지 않고 말할 수 있는 분위기를 한 문장으로 정의해보자.
Do	그렇게 되기 위해 새롭게 시도하거나 증가해야 할 것을 기록해보자.
Don't	그렇게 되기 위해 제거 혹은 감소해야 할 것을 기록해보자.

---┃ Action Item ┃---

Action Item 1 | 가장 자유롭게 발언하지 못한다고 보여지는 구성원과 1:1로 만나서 '분위기 조성 How to 4단계'를 진행한다.

1단계: 내가 정리한 우리 팀의 "주저하지 않고 말할 수 있는 분위기"에 대한 정의를 공유한다.

2단계: 여기에 대한 구성원의 Needs와 Wants를 파악한다.

3단계: 차이를 파악하고 확인한다.

4단계: 차이를 좁히는 방법을 함께 의논하고 찾는다.

Action Item 2 | 회의 그라운드 룰 정하기

1   회의의 Ground Rule을 구성원들과 함께 정한다.

  (개별적으로 취합해도 좋고, 회의 시 현장에서 취합해도 좋다)

2   함께 정한 Ground Rule을 실제 회의에 적용한다.

  (회의 시작 전에 함께 복창하고 시작한다.)

지난 1개월 동안 했던 일을 돌아보며

 생각해 보기   **Think Wise**

'자율적 분위기 조성'을 중심으로 한 대화를 하면서 당신이 배우

고, 느끼고, 알게 된 사실은 무엇인가?

_____

_____

_____

_____

_____

_____

_____

_____

_____

_____

If you don't write it down, it doesn't exist.

자율적인 분위기를 통해 직원들이 동기 부여되고 자신의 업무에 몰입할 수 있도록 다음 3가지를 실행한다.

① 신뢰를 만들고 유지한다. 구성원들이 능동적으로 일을 완수할 수 있다고 믿고 기회를 준다. 그리고 필요하다면 기꺼이 도와준다.

② 실패에서 배우게 한다. 구성원들이 실패를 통해 좌절하지 않고 배움을 통해 성장할 수 있도록 지원한다.

③ 주저하지 않고 얘기할 수 있는 분위기를 조성한다. 구성원들이 심리적인 안정감을 유지하며 협업하고 시너지를 경험할 수 있게 리더십을 발휘한다.

20 년 월 캘린더

내가 관심을 가지고 해야 할 일

....

....

....

....

....

....

....

....

....

언제 할 것인가

일(日)	월(月)	화(火)	수(水)	목(木)	금(金)	토(土)

20 년 월 캘린더

내가 관심을 가지고 해야 할 일

언제 할 것인가

일(日)	월(月)	화(火)	수(水)	목(木)	금(金)	토(土)

20 년 월 캘린더

내가 관심을 가지고 해야 할 일

언제 할 것인가

일(日)	월(月)	화(火)	수(水)	목(木)	금(金)	토(土)

누구나 한번은 리더가 된다

아래의 글을 읽고 다시 한번 질문에 답해 보자.

생각해 보기   **Think Wise**

"리더십이 단독 행위인 경우는 없다. 리더십은 리더와 그를 따르는 사람들 사이의 조화에 달려있다. 조화를 이루기 위해 리더가 할 수 있는 것은 귀 기울여 잘 듣는 것이다. 이 방법은 리더가 다른 사람들이 하는 말을 신경 쓰며 자신과 다른 견해를 기꺼이 받아들인다는 표시다. 흔히 리더가 구성원들과 벽을 쌓고 혼자 동떨어져 있을 때 곤경에 처하는 경우가 많다."

– 존 발도니(John Baldoni)

Q 구성원의 이야기를 귀 기울여 잘 듣기 위해 어떤 노력을 하는가?

_____

_____

_____

_____

If you don't write it down, it doesn't exist.

아래의 글을 읽고 다시 한번 질문에 답해 보자.

생각해 보기　　　　　Think Wise

"높은 산은 누구나 오를 수 있도록 열려 있지만 누구나 다 오를 수 있는 것은 아니다. 산이 높을수록 올라갈 수 있는 사람은 줄어든다. 높은 산을 오르려면 준비가 필요하다. 계획도 필요하다. 그럼에도 실패는 있다. 그 실패를 줄이는 방법은 끈질긴 '투자'다."

– 칭기즈칸(Chingiz Khan)

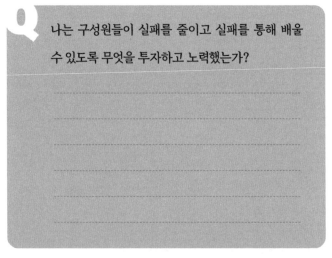

Q 나는 구성원들이 실패를 줄이고 실패를 통해 배울 수 있도록 무엇을 투자하고 노력했는가?

If you don't write it down, it doesn't exist.

메모하기 Take Note

If you don't write it down, it doesn't exist.

리더는

프레임을 만들고

플레이어는

그 안에서 창조한다

EXECUTION

> **리더는 프레임을 만들고
> 플레이어는 그 안에서 창조한다.**

전략이든 플랜이든 실행에 옮기지 않으면 한 장의 종이에 불과하다. 조직은 행동을 기반으로 성과를 만들고 성장한다. 말하는 것은 행동이 아니다. 하고자 하는 동기도 생각일 뿐 행동이 아니다. 실행만이 결과를 만들 수 있다.

실행력은 어떻게 효율적으로 일할지와 관련되어 있다. 동기부여 파트에서 일의 의미와 비전, 그리고 자율적 분위기에 대해 다루었다면, 실행력은 실질적 측면에 집중한다.

플레이어가 세밀하게 실행하고 관리하여 성과를 창출하는 '사람'이 될 수 있도록 돕는 것이다. 실행력을 높이는 리더의 행동을 ① 구성원의 핵심 업무 파악, ② 리스크의 예측과 대비, ③ 업무 실행 지원 세 가지로 구분하고 있다. 이와 관련된 핵심 질문 세 가지는 다음과 같다.

1   일 관리를 통해 구성원의 핵심 업무를 체크하고 있는가?

Are you checking core works of your members with a detailed job management?

2 구성원들이 못 보는 팀내 이슈나 리스크를 예측·대비하고 있는가?

Are you anticipating or preparing potential risks that members cannot see?

3 구성원의 업무 실행을 지원하고 있는가?

Are you supporting the work of your members?

위의 질문에 자신 있게 "YES"라고 대답할 수 있는가? 당신의 플레이어들도 그렇게 생각하고 있는가? 이제부터 이 질문 안으로 들어간다.

실행력 Session과 관련하여 리더들이 필독하면 좋은 추천 도서를 선정했다.

아래 도서를 읽어보길 권한다.

구분	제목	저자
01	실행에 집중하라 Execution	래리보시디
02	디테일의 힘 power of detail	왕중추
03	넛지: 똑똑한 선택을 이끄는 힘 Nudge	리처드 탈러 캐스 선스타인
04	사무력: 생각하는 힘, 되게하는 힘	김선일

긴급한 일은
중요한 일이
아니다

1
시시콜콜 간섭하지 않고,
일의 맥락과 핵심 위주로 관리하는가?

2
충동적·즉흥적이 아닌 정기적·지속적으로
업무를 점검하고 있는가?

3
플레이어들의 실행력을 높이기 위해
부가적 업무(쓸데없는 일)를 최소화하기 위해
노력하는가?

> **긴급한 일은
> 중요한 일이 아니다**

긴급한 일이 중요한 일이 되는 건 당연하다. 갑자기 대표가 전화해서 '이거 처리하세요'라고 한다면 아침 일찍 와서 조용한 가운데 정한 오늘의 우선 순위, 1주일의 우선 순위가 완벽하게 뒤바뀐다. 긴급한 일이 중요한 일을 먹어버린다. 조심해야 한다. 긴급한 일과 중요한 일은 다르다. 긴급한 일에 쫓기는 순간조차도 리더는 생각해야 한다. 팀이 집중해야 하는 세 가지는 무엇인가? 구성원이 쫓기기 않게 하려면 어떻게 해야 하는가? 이 질문을 늘 담고 살아야 한다.

실행력의 첫 번째 주제인 '핵심 업무 체크' 모듈이다.

/핵심 질문/

구성원의 핵심 업무를 체크하고 있는가?

Are you checking core works of your members?

"핵심 업무에 집중한다. 핵심 업무에 집중할 수 있도록 돕는다"는 시간을 효율적으로 사용하는 것과 높은 관련성을 가진다. 효율과 효과는 기업 경영에서 아주 중요한 단어이다.

대부분의 사람들은 가진 옷의 20퍼센트를 80퍼센트의 시간 동안 입는다. 20퍼센트의 소비자가 이윤의 80퍼센트에 기여한다. 20퍼센트의 영업 사원이 80퍼센트의 매출을 담당한다. 20퍼센트가 나머지 80퍼센트보다 생산성이 16배 높다는 뜻이다. 일을 단순화시키고, 생산성을 높이기 위해 중요한 20퍼센트에 집중해야 한다.

━━━━━━━━━━━━┨ 경험 공유 ┠━━━━━━━━━━━━

핵심 업무에 집중은 왜 중요할까? 다음 사례를 읽어 보길 바란다.

미국의 철강왕 찰스 슈왑과 컨설턴트 아이비 리 이야기

20세기 초반에 미국의 철강왕이었던 찰스 슈왑Charles Schwab(오늘날의 찰스슈왑사의 창립자와는 동명이인이다)는 베들레헴 스틸Bethlehem Steel의 사장에 취임하여, 컨설턴트였던 아이비 리Ivy Lee에게 이런 제안을 했다. "나와 내 스태프들이 더 적은 시간을 들여서 더 많은 업무를 처리할 수 있는 방법을 알려주시오. 그러면 합리적인 범위 내에서 충분한 사례를 하리다."

"좋습니다." 아이비 리가 대답했다. "제게 20분만 시간을 주십시오. 그러면 제가 사장님의 업무 처리 능력을 최소한 50% 이상 향상시킬 수 있는 방법을 알려드리겠습니다."

"좋네." 슈왑이 대답했습니다. "내가 기차를 타야 하는데, 마침 딱 그만큼밖에 시간이 없군. 그래, 자네의 아이디어가 뭔가?"

아이비 리는 주머니에서 3×4인치 메모장을 꺼내 슈왑에게 건네주며 이렇게 말했다. "내일 사장님께서 처리해야 할 업무 가운데 가장 중요한 것을 여섯 가지만 적어 보십시오. 그리고 중요성에 따라 각각 번호를 매기십시오. 이제 그 메모를 주머니에 넣어 두십시오. 그리고 내일 아침 잠자리에서 일어나서 가장 먼저 첫 번째 항목을 읽어 보십시오. 반드시 그 일을 완전히 마칠 때까지는 그 일에만 매달리는 겁니다. 그런 다음 두 번째 항목을 읽고, 또 똑같이 하는 겁니다. 퇴근할 때까지 그런 식으로 일을 하십시오. 설령 하나나 두 가지 업무밖에 처리하지 못했다고 해서 걱정할 필요는 없습니다. 사장님께서는 가장 중요한 일을 가장 먼저 처리를 하셨기 때문입니다. 이 방법으로도 가장 중요한 업무들을 완전히 끝내지 못했다면 다른 어느 방법을 쓰더라도 그 일은 절대로 끝내지 못했을 것입니다. 그렇다고 해서 그나마 그런 업무 처리 시스템마저 갖추고 있지 않다면, 사장님께서는 가장 우선적으로 처리해야 할 업무가 무엇인지조차 제대로 파악하지 못하게 될 것입니다.”

리는 슈왑이 업무 처리 목록을 작성하고 있는 동안 잠시 기다렸다. 그러고 나서 말했다. “주중에는 하루도 빠짐 없이 이 규칙을 실행하십시오. 그리고 사장님께서 스스로 가치가 있다는 확신이 들면, 다른 직원들에게도 이런 방법을 사용해 보도록 지시하십시오. 만족하다 싶을 만큼 실험을 해보시고 나서, 가치가 있다고 생각하시면 그 가치만큼 저에게 상담료를 송금해 주십시오.”

2주일 후, 슈왑은 리에게 2만 5천 달러짜리 수표를 송금했다. 그리고 단 25분 동안의 상담에 대한 대가였다. 슈왑은 리의 충고가 그 어떤 것보다 유익했다고 말했다. 그는 그러한 교훈을 토대로, 훗날 채 5년도 안 되어 무명의 베들레헴 스틸을 세계 최대의 독립 철강 회사로 변모시켰다. 그리고 그 과정에서 그는 당시 돈으로 10억 달러를 벌어들였다. 20세기 초에 그만한 돈은 상상도 할 수 없는 어마어마한 액수였다.

슈왑이 바보라서 그런 단순한 아이디어에 막대한 상담료를 지불했을까요? 그는 절대로 그렇게 생각하지 않는다. “물론 이것은 단순한 아이디어야.” 슈왑은 거기에 대해 이렇게 말했다. “그렇지만 근본적으로 단순하지 않은 아이디어가 어디 있겠나? 그 아이디어 덕분에, 나는 물론이고 내 스텝들이 모두 처음으로 업무를 우선 순위에 따라 처리할 수 있게 되었단 말이야. 가장 중요한 업무를 가장 먼저 말일세.”

가장 중요한 일은 가장 먼저. 이 말 속에는 훌륭한 시간 관리의 핵심이 담겨있다. 그리고 시간을 관리하는 데 ‘80 대 20의 법칙’이 핵심적인 열쇠가 되는 이유가 바로 이것이다. 큰 보상을 낳을 수 있는 소수의 부가 가치가 높은 업무에 시간을 투자하고 사소한 많은 일들은 무시함으로써 비로소 성공이 당신에게 찾아온다.

－마이클 르뵈브의 글에서 부분 발췌

 사례 2

국내 패션 의류 기업의 라인 블랭크 케이스

국내 패션 의류 기업에서 2023년 라인 전담제 실시 이후 일어난 사례이다. 영업 부문에서는 오더가 없어서 해외 법인의 라인 블랭크를 예상하고 있었다. 그런데 영업 본부는 생산 라인 블랭크를 해결하려는 적극적인 노력을 하지 않았다. 이로 인해 결국 해외 법인의 일부 라인에 블랭크가 발생하여 손익에 영향을 미쳤다.

아주 간단한 사례이긴 하지만 이 사례는 당시에 일어난 이슈의 잘잘못을 따지거나, 당시의 현상에 대해서 ‘몰라서 하는 소리인데…’라는 하소연을 듣기 위해 적은 것이 아니다. 학습적 측면에서 리더가 해야 할 일이 무엇인지 생각할 수 있도록 돕기 위해서 제공한 것이다. 리더가 사전에 관리하거나 통제할 수 있는 것이 분명히 있다. 이슈가 발생한 후에 원인을 파악하기보다는 당연히 일어날 수 있는 일임을 미리 파악하고 사전에 관리하는 것이 필요하다.

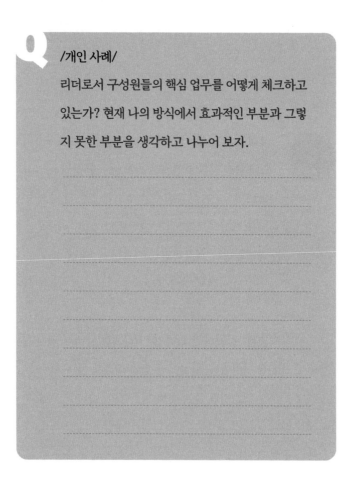

/개인 사례/

리더로서 구성원들의 핵심 업무를 어떻게 체크하고 있는가? 현재 나의 방식에서 효과적인 부분과 그렇지 못한 부분을 생각하고 나누어 보자.

1

시시콜콜 간섭하지 않고,
일의 맥락과 핵심 위주로 관리하는가?

> **Q** 나는 시시콜콜한 간섭보다는 일의 맥락과 핵심 위주
> 로 관리하는가?

세밀한 일관리를 통한 핵심 업무에 집중할 수 있도록 돕기 위해서 리더가 해야 할 첫 번째 일은 일의 맥락을 정확하게 이해하고 핵심 위주로 관리하는 것이다.

픽사Pixar의 브래드 버드 감독은 다음과 같이 말한다. "완벽하게 찍어야 할 장면도 있지만, 훌륭한 수준에서 찍어야 하는 장면도 있다. 경우에 따라서는 환상을 깨지 않을 정도의 수준으로만 찍어야 되는 장면도 있다."

우리 조직에서 직원들은 어떤 항목을 '완벽하게 찍어야' 하는가? 이것이 바로 핵심 업무의 정의이다. 리더가 해야 할 가장 중요한 일은 우리에게 가장 중요한 고객인 직원들의 복잡성 보존의 법칙의 리스크를 해소해 주는 것이다. 그리고 그들이 핵심 업무를 제대로 정의하도록 지원함으로써, 가장 중요한 핵심 업무에 집중할 수 있도록 도와야만 한다. 핵심 업무는 '완벽하게 찍도록' 지원하고, 상대적으로 중요도가 떨어지거나 대체할 수 있는 방법이 있는 업무의 경우에는 리더 자신의 업력業力과 경험으로 대안을 제시해야 한다.

실제 브래드 버드 감독은 강물이 출렁거리는 장면을 대야에 물을 받아 놓고 찍기도 하고, 비행접시는 파이pie 담는 접시를 날려 찍었다고 한다. '전략은 하지 않을 일을 선택하는 것'이라는 마이클 포터의 말을 빌지 않더라도, 리더의 통찰력이 담긴 조율과 조정은 연간 수십 일 이상의 야근을 해소하면서도 내부와 외부 고객을 지속적으로 감동시키는 효과를 발휘한다.

경영자의 목소리: 일의 맥락과 핵심 위주 관리

전반적인 상황을 이해하고 있어야 한다는 말이다. 핵심 업무에서 문제가 일어나는 것은 리더의 책임이다. 책임감을 가지고 일 관리를 했으면 좋겠다. 또한 리더로서 나의 핵심 업무가 무엇인지 리스트를 만들어서 관리했으면 한다. 꼬치꼬치 간섭하라는 뜻은 아니고 전체적으로 보면서 중요 핵심들 위주로 관리해야 한다는 뜻이다.

구성원의 생각: 일의 맥락과 핵심 위주 관리

"대부분의 이메일이 참조되어 있어 이메일 송수신 상황을 다 체크하고 있습니다. 업무 스타일상 일반적인 업무 핸들링은 담당자가 하지만 특별한 것은 이메일을 보다가 확인하거나 별도 지시를 하면서 해결을 해줍니다. 디테일은 담당자가 하는 것이지만, 바이어와의 플랜을 하는 것은 팀장이 스스로 대부분 담당하고, 중요한 의사결정도 같이 해주려고 합니다."

– 40대 S 종합 상사 팀장

"수시로 물어보시고 확인하신다. 지나치게 세심하게 챙기시는 경우는 스트레스 받으실 때 메일로 내용이 오는 것 같다."

– 20대 ○○건설사 사원

"제가 피드백이 필요하다고 생각하는 업무에는 첨언을 안 하시고 반대로 내가 피드백이 필요 없다고 생각한 업무에만 첨언을 많이 하십니다."

– 20대 중견 식품 기업 N사 사원

┃ How to ┃

일의 맥락과 핵심 위주 관리를 위해 리더가 해야 할 일

1   팀 핵심 업무와 구성원의 핵심 업무를 리더 본인 스스로가 적는다.

(구성원 3명 적어보기를 Practice Activity 로 활용·)

10가지 이내로, 중요도에 따라 우선 순위를 가지고 적는다.

2   구성원이 생각하는 본인의 핵심 업무를 적게 한다.

10가지 이내로, 중요도에 따라 우선 순위를 가지고 적게 한다.

3   1번과 2번을 Alignment한다.

서로가 적은 핵심 업무를 비교하고 조율을 한다. 이때 리더가 구성원에게 진짜로 원하는 것을 구체적으로 설명해주고 충분히 질문할 수 있게 해야 한다. 이어서 서로 간의 기대를 조율한다. 상위 5개의 핵심 업무에 대해서 관리자가 생각하는 기대치(1~5점)와 구성원이 생각하는 기대치(1~5점)를 적고 비교해보자. 차이가 크면 기대가 제대로 전달되지 못한 책임을 인정하고 대화를 시작한다.

4 **언제(어떤 주기로), 어떤 방식(메일, 미팅, 회의)으로 확인하면 좋을지 협의한다.**

협의된 날에 서로의 기대치를 재점검한다. 이때 구성원이 방어적으로 나오지 않도록 하고, 서로 협력한다는 느낌을 주는 것이 중요하다.

일의 맥락과 핵심 위주 관리 실천하기

예시 Sheet

팀의 핵심 업무와 구성원(3명)의 핵심 업무를 기록한다.

팀	중장기 비전과 사업 계획을 고려할 때 우리 팀의 핵심 업무는?	체크하는 시기와 방법은?
의류 영업팀	1. 비용 절감	➔ 시즌별
	2. 업무 효율화	➔ 시즌별
	3. 현지화	➔ 필요 시, 연간
	4. 생산 안정화 및 확대	➔ 월별, 이슈 사항 보고
	5. 매출 증대/원가 절감	➔ 월별 보고
	6. 신규 바이어 창출	➔ 자율
	7. 오더 수주	➔ 봄/가을: 연 2회
	8. Factory Assign	➔ 봄/가을: 연 2회
	9. 생산 관리	➔ 매주, 법인 전달 생산 스케줄
구성원	리더가 생각하는 구성원의 핵심 업무는?	체크하는 시기와 방법은?

1. 사원	1. 담당 오더 핸들링 2. 법인과 체계적으로 업무 3. 시스템 내재화(바이어) 4. 전문적인 노하우의 추적 5. 데이터관리, 산출 6. 원부자재 발주 관리 7. Direct develop sample 진행	→ 상시 → 상시 → 팀내 교육, 월 1회 → 필요 시 → 필요 시, 정기적으로 → 주별 체크 → 연중으로 진행 　(바이어 요청 시)
2. 선임	1. 오더 관리 2. 생산 안정화 3. 업무프로세스 및 시스템 개선 4. 교육, 구성원 역량 개발 5. 원부자제 원가 절감/납기 6. 원부자재 공급 관리 및 검수 7. 생산 현황 및 선적 관리 8. 데이터 분석/리포트 및 　현황 파악	→ 매주. 보고 → 월별. 이슈 사항 보고 → 분기별. 자율 → 반기별. 자율 → 시즌별(반기) 보고 → 주별 체크 → 생산 스케줄 → 월별 체크 (바이어 시스템)
3. 책임	1. 오더 프로세스 관리 2. 코스팅 3. 비용 절감 4. 구성원/팀장 간 의견 청취 및 　전달	→ 정기적(주별, 월별) 데이터 　리스트업하여 공유 → 비정기적인 미팅, 티타임

실습 Sheet

팀	중장기 비전과 사업 계획을 고려할 때 우리 팀의 핵심 업무는?	체크하는 시기와 방법은?
구성원	리더가 생각하는 구성원의 핵심 업무는?	체크하는 시기와 방법은?
1		
2		
3		

2

충동적·즉흥적이 아닌 정기적·지속적으로
업무를 점검하고 있는가?

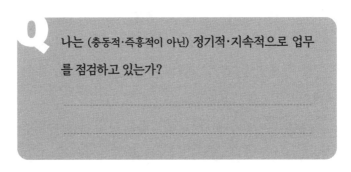

Q 나는 (충동적·즉흥적이 아닌) 정기적·지속적으로 업무
를 점검하고 있는가?

_____

_____

　세상의 모든 일들은 한계를 가지고 있다. 그래서 조직에서
는 리더십의 핵심 책임과 의무를 피드백이라고 정의하고 있다.
세스 고딘은 저서 '보라빛 소가 온다'에서 다음과 같이 말했다.
"나는 리더로서 업무와 시간, 기술, 팀에 대해 100%의 자율성을
누릴 수 있는 축복을 받았다. 하지만 이 자율성을 고집하다가는
실패하고 말 것이다. 선적에 실패하고, 탁월해지기에 실패하며,

집중하기에도 실패할 것이다. 결국 어떤 상품도 생산해 내지 못하거나 시장에서 거부당할 상품만 생산하게 될 것이다. 자신의 한계를 알아내는 것이야말로 최고의 기술이다. 내가 가장 소중히 여기는 자율성은 바로 나의 한계를 알아가는 자유이다."

직원들에게 이런 한계를 알아가는 자유를 누리게 하기 위해서는 리더의 지원이 필요하다. 효과적인 지원을 위해서는 물론 리더 자신이 깊게 고민하고 넓게 보려는 시각을 갖는 것이 중요하다. 하지만 더 중요한 것은 어떻게 구성원들도 이런 시각을 갖게 육성할 것인가가 관건이다. 단편적으로 업무에 접근하거나 팀 차원의 협업에 약하고 개인주의적인 성향이 강한 신세대들에게 어떤 접근이 필요할까?

전통적 마이크로매니징의 취약성은 다시 언급하지 않아도 무방할 것이다. 최근 리더들을 인터뷰한 결과, 리더 자신들도 이런 마이크로매니징에 부담을 느끼고 있는 것이 확인되었다. 결국 위에서 제시한 일의 맥락과 핵심 항목을 구성원과의 협의를 통해 제대로 도출하고, 우리 조직만의 '약속된' 프로세스만 제대로 도출한 후 이를 정기적이고 지속적으로 체크하기만 하면 된다. 이런 과정을 통하면 결코 마이크로매니징이 있을 수 없으며, 구성원들은 책임감 있게 자신과 조직의 성장을 위해 노력할 것이다.

경영자의 목소리: 정기적 점검

제도와 프로세스가 만들어지면 지키는 사람이나 부서가 적다. 내부 신뢰 부족은 안타까운 상황이다. 한 패션 의류 기업의 경우 과거에 거짓말로 오더를 수주하고, 이를 숨기기 위해 거짓말을 하고 이를 숨기기 위해 검사용 제품을 따로 생산해서 컨펌을 받고, 본 제품은 이상한 것을 생산해서 납품한 적이 있다. 요령으로 일하고 일하는 척하는 문화가 있었다. 대내외적으로 신뢰에 금이 가는 일이었다. 관리는 영업을 믿지 못해서 과도한 통제를 하고, 공장과 영업은 버퍼를 가지고 일한다. 원단이 약속된 날짜에 공장에 오지 않으니 더 빨리, 더 많이 보내 달라고 하는 경우가 많았다. 이렇게 되면 결국 비용 손실이 일어난다. To-do list 관점에서 임원, 팀장이 그 위치에 있는 것은 그 역할을 잘 하도록 하기 위해 있는 것이다. 자리에 있지 말고 임원으로서, 팀장으로서의 역할을 해서 직원들이 성과를 낼 수 있게 해야 한다. 임원의 경우, 해외 바이어 상담을 간다면 미팅 전략과 어떤 오더를 핵심적으로 확보할 것인가, 생산 능력capa에 대한 대책을 어떻게 챙길 것인지 미리 계획을 할 수 있도록 해야 한다.

구성원의 목소리: 정기적 점검

"발주, 선적, 공장을 관리해야 하는 시기가 각각 오더별로 있습니다. 이런 시기가 있기 때문에 저번에는 발주 때 사고가 났으면 다음 발주 시기에 맞춰 사고가 나지 않도록 팀장님이 미리 관리를 해주십니다."

- 입사 5년 차 S물산 선임

"지금 정해져 있는 업무 관리 시기나 주기는 없습니다. 거의 팀장님 시간 되실 때 합니다. 더 자주 해야 된다고는 생각합니다. 그런데 팀장님은 업무 시간이 아닌, 점심 혹은 휴식 시간 등 일상 생활 중에 업무 얘기를 끝없이 할 때가 많은데, 이런 때는 될 수 있으면 입을 열지 않고 이야기가 끝나기만을 기다립니다."

- 입사 2년 차 N게임 회사 책임

정기적 점검

정기적 점검은 핵심 업무 파악을 통해서 협의된 내용을 중심으로 정기적으로 체크해야 할 시점과 방법에 대해 논함으로써 명확성을 기하는 것을 의미한다.

1단계: 언제(어떤 주기로), 어떤 방식(메일, 미팅, 회의)으로 확인하면 좋을지 협의한다.

2단계: 협의된 날에 서로의 기대치를 재점검한다. 이때 구성원이 방어적으로 나오지 않도록 하고, 서로 협력한다는 느낌을 주는 것이 중요하다.

3

플레이어들의 실행력을 높일 수 있도록
부가적 업무(쓸데없는 일)를 최소화하기 위해
노력하는가?

 나는 구성원들의 실행력을 높이기 위해 부가적 업무
(쓸데없는 일)를 최소화하기 위해 노력하는가?

구성원의 실행력을 높이기 위해서 리더가 해야 할 마지막 행동은 부가 업무를 제거하는 것이다. 이는 앞에서 다룬 핵심 업무에 집중하기 위해서도 필요한 것이며, 업무의 선택과 집중을 위해서 아주 중요한 것이다. 부가적인 업무에 대해서는 더욱 구성원 관점이 되어서 그들의 얘기를 들어야 한다.

시간 관리의 대가 데이비드 앨런은 그의 저서 '쏟아지는 일 완벽하게 해내는 법'에서 일반적으로 사람들이 다음과 같은 세 단계의 성장 과정을 보인다고 말한다.

① 업무 흐름 관리의 기본 요소들을 이용하기
② 좀 더 높은 수준의 통합된 전체 업무 관리 체계 실행하기
③ 더 넓은 영역에서 실행하기 위해 방해물들을 제거하고 다양한 실행 기술을 활용하기

이 과정을 운전을 배우는 과정에 비유하면 이해가 빠를 것이다. 첫 번째 단계는 자신과 다른 사람이 다치지 않도록 차를 조작하는 기본적인 기술을 습득하는 단계이다. 이 때는 움직임이 어색하고 종종 직관에 어긋나는 것처럼 생각될 수도 있다. 하지만 면허증을 딸 정도로 운전에 능숙해지면 당신의 운전 경력에 급격한 발전을 이룰 것이다. 이제 어느 곳이든 갈 수 있고 예전에는 할 수 없었던 일들을 할 수 있기 때문이다. 그 뒤 자신이 운전을 하고 있다는 의식 없이 차를 몰 수 있는 시기가 온다. 이제 운전은 당신 생활에서 거의 반사적으로 행동하는 부분이 된다. 그러다 마침내 아주 성능이 좋은 차로 바꾸기로 마음먹는다. 그러면 이제 당신이 얼마나 집중해서 차와 하나가 되고 운전을 통

해 높은 수준의 만족감과 성취감을 느끼는지가 주된 과제와 기회가 된다.

우리 구성원들도 마찬가지다. 처음에는 조금씩 덜컥거리며 움직이는 것처럼 보이지만, 실제로는 아주 짧은 범위에 초점을 맞추어 순조롭게 움직이고 있는 것일 수도 있다. 이런 과정에서 업무가 편하고 익숙해지면, 작은 골목이나 고속도로 진입 등으로 초점을 확장시켜 주어야 한다. 이런 과정을 통해 그들이 의식적으로 넓은 범위까지 초점을 맞추도록 유도해야 하며, 그 과정을 통해 마침내 구성원들이 고속도로에서 자유롭게 운전하고, 도시들을 넘나드는 경지에 이르게 된다.

기본적인 운전 작동법을 직원들에게 가르쳐주는 것은 매우 중요하다. 하지만 리더들은 혹시 자신이 이 수준에만 몰입되어 있지는 않은 지 경계해야 한다. '나는 제대로 직원들의 업무 초점을 짚어주고 있는가?' '구성원들이 더 넓은 업무 영역에서 일할 수 있도록, 장애물들을 제대로 제거해주고 있는가?'라고 질문해야 한다.

경영자의 목소리: 부가 업무 제거

우리는 핵심 업무에 집중해야 한다. 전통적으로 해왔던 업무에 대해서 의심해야 한다. 과거에 계속 머물며 개선하고 있지 않다 보니 쓸데없는 것을 하게 되는 경우가 많이 있다. 관습적으로 해오던 업무를 다시 한번 검토하여 제거하고 축소할 필요가 있다. 영업의 현지화, 샘플의 현지화 측면에서 볼 때 단순 반복적인 업무는 현지에서 그 업무를 수행할 수 있는 체계로 업무를 개선해 나가야 한다고 한다. 이것은 지속적으로 우리가 노력해야 할 사항이다.

구성원의 목소리: 부가 업무 제거

"봉제 업계가 보수적인 분들이 많아서 기존에 안 하던 것은 안 하려고 하는 분이 많습니다. 배워야 할 것은 배워서 구성원들을 시키는 것이 아니라 구성원들이 본인 업무에 집중할 수 있게 도와줘야 합니다. 팀장이 봐야 하는 자료를 구성원이 만들고 보고는 팀장이 하는 식이 많습니다. 또한, ERP나 그룹웨어, 출장 계획 같은 것들도 배우시지 않고 그냥 구성원들에게 시키십니다. 이런 것들이 구성원에게는 부가적 업무가 될 수 있습니다"

– 입사 8년 차 A의류 기업 책임

부가 업무 제거를 위해 리더가 해야 할 일

우리는 구성원들에게 업무를 주기만 하는 행태를 버려야 한다. 직원들에게 한 가지 업무를 추가할 때에는 반드시 한 가지 업무를 줄여야 한다. 어차피 인간의 에너지와 열정, 시간은 제한돼 있다. 계속 업무가 쌓이면 지쳐서 탈진한다. 아이디어도 내놓지 않게 된다. 현상 유지에 급급하게 되는 것이다. 조직 차원에서 어떤 업무를 줄여야 하나 고민하다 보면 좀비 업무, 좀비 프로젝트가 눈에 보이기 시작할 것이다. 과감히 '삭제 버튼'을 눌러야 한다. 직원들을 무의미한 노동에서 구하는 것 역시 리더의 의무이기 때문이다.

부가 업무 제거를 위해서 어떻게 해야 할까?

1단계: 우리가 하고 있는 업무 중에 폐기가 가능한 업무, 이관이 가능한 업무가 무엇이 있는지 적어 본다. 중요 업무는 아니지만 물리적 시간을 많이 투입하여 시간을 잡아먹게 되는 업무가 무엇인지 생각해 봐야 한다. 앞에서 작성한 핵심 업무를 제외하고 생각해 봐야 한다.

2단계: 폐기와 이관을 구분한다. 혁신을 위해서는 폐기가 선행되어야 한다. 선택과 집중을 위해서 과감하게 안 해도 된다고 판단되는 것은 제거해야 한다. 그러나 법인이나 외주화를 통해서 외부에서 수행할 수 있는 것이 있다면 이관으로 체크한다.

3단계: 이관으로 결정된 사항에 대해서는 업무 매뉴얼을 구성하고 해당 부서가 점검하고 체크할 사항이 무엇인지 명확하게 해두어야 한다. 이관한다는 것은 그 일을 안 한다는 것이 아니라 효율화한다는 것을 의미하기 때문이다.

부가 업무 제거 실습

예시 Sheet │ 부가 업무 제거

업무	부가적인 업무	조치	비고
발주 및 자재 선적 관리	• Material List 바탕으로 발주서 생성 →업체 mail로 발주 • 원부자재 선적 일정 관리 및 선적 진행	SSC 이관 처리	
자재 리스트 생성	• 과거: 엑셀에 전량 수작업 입력 • 현재: 스펙 변환(pdf → excel) 및 macro 사용 입력. 양식 표준화 및 생산 법인 공유 (스타일별 통합 관리)	간소화 및 통합 관리	
PO sheet 공유	• 과거: PO 출력 → 메일로 전달 후 파일링 • 현재: PO 출력 안 함. 메일 발송 없음. 파일링 안 함. 시스템에서 다운로드하여 사용	간소화	
시스템 개선 프로세스 개선 (통합)	• 원부자재 발란스 리스트: SAP 개발(과부족 현황 파악) • 내수 물류 프로세스 통폐합(원스탑 물류) • 생산 현지 출고, 한국 입고, 바이어 납품 시 각기 다른 3개의 물류사 사용(1개로 통폐합)	편의, 간소화 통폐합	

실습 Sheet | 부가 업무 제거

업무	부가적인 업무	조치	비고

1개월 동안 핵심 업무 체크에 관한 3가지 실천을 진행한다.

1   핵심 업무 위주의 관리를 위해 실습 시트를 활용하여 핵심 업무 우선 순위를 상호 파악하고 조율한다. (일의 맥락과 핵심 위주 관리 실천하기 Sheet 활용)

2   정기적이고 지속적인 업무 점검을 위해 실습 시트를 활용하여 업무 점검 시기와 방법을 협의한다. (일의 맥락과 핵심 위주 관리 실천하기 Sheet 활용)

3   부가 업무 제거를 위해 실습 시트를 구성원들과 함께 채우고 가능한 것들을 빠르게 폐기, 이관 혹은 효율화한다. (부가 업무 제거 실습 Sheet 활용)

지난 1개월 동안 했던 일을 돌아보며

생각해 보기   **Think Wise**

'핵심 업무 체크'를 중심으로 한 대화를 하면서 당신이 배우고,

느끼고, 알게 된 사실은 무엇인가?

If you don't write it down, it doesn't exist.

핵심 업무 체크를 통해 직원들의 실행력이 강화될 수 있도록 다음 3가지를 실행하자.

① 시시콜콜한 간섭을 하지 마라. 그러기 위해서 핵심 업무를 명확하게 알도록 알려주고 조율한다.

② 정기적·지속적으로 업무를 점검하는 시간을 가진다. 이때 서로의 기대를 구체적인 숫자로 이야기하며 명확한 커뮤니케이션을 지향한다.

③ 부가적인 업무들을 최소화한다. 실행력의 발목을 잡는 원인을 파악하고 과감하게 폐기, 이관 혹은 효율화한다.

이 세가지를 통해 실행력을 높이는 조직을 만들어간다.

20 년 월 캘린더

내가 관심을 가지고 해야 할 일

....

....

....

....

....

....

....

....

....

언제 할 것인가

일(日)	월(月)	화(火)	수(水)	목(木)	금(金)	토(土)

20 년 월 캘린더

내가 관심을 가지고 해야 할 일

언제 할 것인가

일(日)	월(月)	화(火)	수(水)	목(木)	금(金)	토(土)

20 년 월 캘린더

내가 관심을 가지고 해야 할 일

언제 할 것인가

일(日)	월(月)	화(火)	수(水)	목(木)	금(金)	토(土)

아래의 글을 읽고 다시 한번 질문에 답해 보자.

생각해 보기   **Think Wise**

"할 필요가 없는 일은 아무리 잘해도 무의미하다. 중요한 것에 집중해라."

– 워렌 버핏(Warren Buffett)

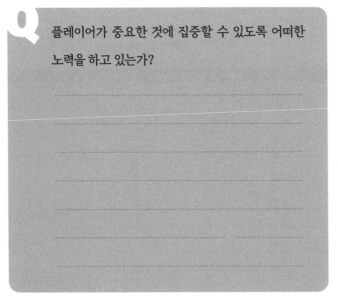

Q 플레이어가 중요한 것에 집중할 수 있도록 어떠한 노력을 하고 있는가?

If you don't write it down, it doesn't exist.

아래의 글을 읽고 다시 한번 질문에 답해 보자.

생각해 보기   **Think Wise**

"변화는 새로운 것을 시작할 뿐 아니라 낡은 것을 끝낸다는 의미다. 낡은 것을 보내는 것과 새로운 것을 포용하는 것 모두가 사람들에게는 쉽지 않은 일이다."

– 트리시아 에머슨(T. Emerson)

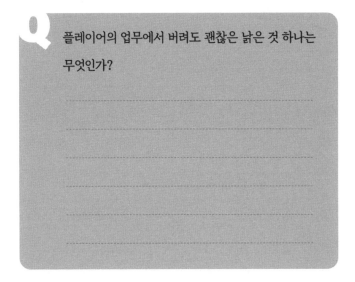

Q 플레이어의 업무에서 버려도 괜찮은 낡은 것 하나는 무엇인가?

If you don't write it down, it doesn't exist.

막을 수 있는 일과
막을 수 없는 일을
구분해야
한다

1
우리 조직에서 발생 가능한 주요 리스크를
잘 파악하고 있는가?

2
예측한 주요 리스크에 대한 체계적인 대응 방안을
가지고 있는가?

> **막을 수 있는 일과 막을 수 없는 일을
> 구분해야 한다**

오늘도 누군가 다가와서 말한다. '팀장님 큰일 났습니다.' '본부장님 올 게 왔습니다.' '대표님 너무 일이 커졌습니다.' 이게 뭔가 싶다. 특히 전화로 오는 대부분의 건들은 이슈가 작지 않다. 리더인 나조차 감당하기에 이미 커진 상태이다. 리더가 모든 일을 예측하고 막을 수 있는 것은 아니다. 세상은 막을 수 없는 일들이 즐비한 곳이기도 하다. 그러나 막을 수 있는 일도 분명히 있다. 미리 예측하고 공유하는 것이 중요하다.

실행력의 두 번째 주제인 '리스크 관리'이다.

/핵심 질문/

구성원들이 못 보는 팀 내 이슈나 리스크를 예측/대응하고 있는가?

Are you anticipating or preparing potential risks that members cannot see?

우리는 '리스크'에 대해서 다룰 것이다. 앞 장에서 구성원의 실행력을 높이기 위해 핵심 업무를 파악하고 이를 중심으로 관리하고 지원해야 한다는 이야기를 나누고, 과제를 수행했다. 이번 장에서는 실행력을 높이기 위해서 '리스크를 어떻게 예측하고, 관리할 것인가?'에 대한 주제를 다룬다.

리스크는 조직에 언제나 존재한다. 모든 리스크를 예측하고 대응한다는 것은 현실적으로 무리가 따른다. 그렇지만 리스크를 관리하지 않는다면 우리는 치명적인 난관에 봉착하고 심한 경우 조직은 시장에서 사라지기도 한다.

소프트뱅크의 손정의 회장의 말을 들어보자.

"(현재까지의 우리 회사의 성취는) 우리들이 단순히 타석에서 한 번의 히트를 쳤다는 것이 아니라, 전략적으로 의도되고 생각된 여러 번의 타석에서 이루어졌습니다. 헛스윙도 했습니다. 실패도 했습니다. 많은 실패도 했습니다만, 헛스윙보다는 히트가 더 컸다는 것을 의미합니다. 이것은 우연히 그렇게 된 것이 아니라, 의도적으로 리스크를 감수하고 행한 것입니다. 의도하고 도전할 때, 우리는 예전 산업 혁명을 성공으로 이끌었던 젠트리 gentry 계급과 같은 성공을 현재의 정보 산업 시대에서 이뤄낼 수 있을 것입니다."

웨스트 제약 회사 제조 공장의 폭발사고

미국 노스캐롤라이나 킨스턴에는 웨스트 제약 회사West Pharmaceutical 제조 공장이 있다. 이곳은 고무로 만든 주사기 피스톤과 정맥 주사 장비를 생산하는 공장이다. 현재의 킨스턴 공장은 2004년에 다시 지어진 새 건물이다. 2003년 1월, 옛 건물에 폭발 사고가 있었다. 이 사고로 1년 넘게 제품 생산이 중단되었다. 하지만 문제는 공장 건물이 파괴된 것이 아니었다. 그 폭발 사고로 직원 여섯 명이 목숨을 잃었다. 사고 후 희생자를 기리는 영구 기념일까지 제정될 정도로 사건의 영향력은 컸다. 사고의 원인은 먼지였다. 천장에 켜켜이 쌓여 있던 고무 먼지에 무엇인가 불꽃을 일으켜 폭발이 일어났고, 이 사고로 공장 건물이 완전히 붕괴되었다. 유기 먼지는 아무리 작은 것이라도 거대한 폭발을 일으킬 위험성을 안고 있다. 당시 웨스트 제약 회사는 먼지와 관련한 모든 정부 규정을 충실히 따르고 있었다. 하지만 현실적으로 보면, 당시 곡물 저장고 운영 관리를 제외하고는 먼지와 관련한 실질적인 규제가 별로 존재하지 않았다. 따라서 고무 먼지는 건드려 주기만을 기다리던 숨은 위험이었던 셈이다.

– W.Timothy Coombs, "West Pharmaeutical's Explosion: Struturing Crisis Discourse Knowledge", *Public Relations Review* 30(2004), 467~473

사례 2

최믿음 책임의 바이어 의뢰 관련 리스크 관리 실패 사례

최믿음 책임은 내수 영업을 담당하고 있는 의류 영업 7년 차의 실무자이다. 지난 2월 27일(화) 화이트패션의 박세심 책임으로부터 연락을 받았다. 화이트패션은 신규 바이어이다. 최믿음 책임이 몇 개월 동안 고군분투하면서 신규 고객으로 발굴한 케이스이다. 박세심 책임의 의뢰는 올해 9월에 출시되는 신상 다운 점퍼로 회사의 최고 관심 상품이라 어떤 회사에 맡길지 고민하다가 최믿음 책임의 적극성과 열의를 믿고 기회를 준다고 했다. 영업담당으로 고객의 신뢰를 얻었다는 것에 최믿음 책임은 한껏 들떠서 관련 자료를 준비하여 박세심 책임을 찾아갔다. 박세심 책임은 최믿음 책임이 준비한 자료를 보면서 우리 회사의 생산 능력, 납기 준수, 제품 품질 관리에 대해 만족하고 계약을 체결했다. 회사로 돌아온 최믿음 책임은 라인 전담제에 따라 결정되어 있는 방글라데시 A협력사에 생산 의뢰서를 이메일로 발송했다. 이후 꼼꼼하게 체크하기 위해 A협력사의 임내수 수석에게 전화를 통해 상황 설명을 했다. A협력사는 수출 다운 점퍼만 생산하던 법인으로 내수 제품의 생산을 했던 경험이 없었다. 그래서 수출 제품 생산과 동일한 방식으로 업무 처리를 완료하였다. 그렇게 제품 생산은 차질 없이 진행되는 듯했다. 그런데 샘플 검사를 하는데 바이어의 성향과 디테일하게 챙겨야 할 부분에 대한 의뢰 사항이 반영되어 있지 않았다. 바이어 박세심 책임은 '이런 식으로 하면 계약 파기이다. 이건 인정할 수 없다. 도대체 품질 관리를 한다고 했는데 이게 뭐냐, 최민음 책임 믿을 사람이 못 된다. 당장 들어와라'라고 화를 내고 있다. 최민음 책임은 당장 바이어에게 방문하여 상황을 설명하고, 잘 마무리할 테니 조금만 기다려 달라고 말했다. 하지만 이 상황을 회사는 잘 모르고 있었다. 실무자 간에 커뮤니케이션으로 해결이 된 것으로 단정하였다. 그런데 더 큰 문제는 그로부터 3개월 후였다. 바이어 박세심 책임의 본부장에게 직접 연락이 와서 '우리 회사와는 앞으로 일을 하지 않겠다'는 것이었다. 자신도 회사로부터 문책을 받았다면서 자세한 설명 없이 전화를 끊었다.

사례 3 | 통찰력 팀장의 리스크 관리를 위한 노력과 활동

통찰력 팀장은 경험이 많은 5년차 팀장이다. 업무나 조직 관리 모두 상당한 경지에 이르렀고, 자신감도 충분히 생겼다. 초보 팀장 시절에는 마이크로 매니징을 하다가 많은 유능한 구성원들을 잃기도 했고, 무분별한 위임으로 큰 실수에 대한 책임을 지기도 했다. 그래서 그가 내린 결론은 벨런싱Balancing이 중요하다는 것이었다. 일단, 지나친 마이크로 매니징으로 구성원들이 스스로 생각하고 판단하며 주인 의식을 갖고 일하는 것을 원천 봉

쇄하는 것은 초보 리더의 빈번한 실수이다. 하지만, 더 중요한 것은 회사에 막대한 손해를 가져올 수 있는 핵심 사항에 대해서는 관리자로서 세밀하게 체크해야 한다는 교훈을 그는 반복된 실수와 사고 경험을 통해 체득했다.

김방임 부팀장과 최유능 사원은 우리 팀에서 매출도 높고 이익률에 많은 기여를 하는 FB어페럴의 '캐쉬 플로우' 브랜드를 담당하고 있다. 김방임 부팀장은 유능하고 인성이 뛰어난 관리자이지만, 가끔 놓치는 부분이 하나씩 생기는 특성이 있었다. 최유능 사원은 팀장을 하면서 함께 일했던 어떤 주니어 사원보다도 유능하고 성과가 높았지만 아직 입사 6개월 차라는 한계가 있었다. 고민하던 통찰력 팀장은 이 두 사람에게 다음과 같은 두 가지 해결책을 제시했다.

첫째, 세 사람이 반나절 정도 미니 워크숍을 실시했고, 이를 통해 '캐쉬 플로우' 브랜드를 위해 지금 가장 중요한 것 Best 10을 설정했다. 그 리스트 속에는 FB어페럴 담당자와 그의 보스의 성향에서부터 과거 사고를 통해 드러났던 챙겨야 할 포인트들이 잘 정리되었다. 다섯 가지 항목은 최유능 사원이, 네 가지는 김방임 부팀장이, 그리고 본인과 친분이 오래된 현재 페이스북 어페럴 본부장의 특성을 고려한 한 가지 항목을 직접 추가했다.

둘째, 두 사람과의 토론 과정을 통해 '캐쉬 플로우' 브랜드 관런 이메일 커뮤니케이션은 부팀장 이외에 팀장도 이메일 참조cc를 설정하는 것이 좋겠다는 의견이 나왔다. 사실 내가 먼저 지시하고 싶었던 부분이었는데, 토론 과정을 통해 시간 절약을 위해 최유능 사원이 먼저 그러면 좋겠다고 제안했다.

명절 연휴가 시작되기 전날 오후 5시경 나는 혹시 누락된 업무가 없는지 각 브랜드의 담당자 이메일을 점검하고 있었다. 그때 우리가 설정했던 리스트 Best 10 중에서 10번 항목이 누락되어 있음을 참조된 메일 내용을 통해서 확인할 수 있었다. 팀장이 제시했던 항목이었다. 물론 FB어페럴 본부장이 신경 써서 챙기는 바로 그 항목이었다. 그 동안의 업무 진행 과정을 이메일을 통해 모니터링 해오면서 김 부팀장과 최 사원이 이 부분을 잘 챙겨왔다는 것을 잘 인지하고 있었기에, 이번 누락이 그리 서운하지는 않았다.

통 팀장은 퇴근 준비를 하고 있던 최유능 사원에게 그간의 몰입에 대해 칭찬하면서, 우리만의 Best 10 리스트가 매우 유용한 것 같다는 확인과 함께 본인이 확인한 내용에 대해 공유했다. 최 사원도 평소 본인이 꼼꼼하게 챙기던 부분이어서 그런지 금방 누락을 확인하고 바로 조치한 후 더블 체크에 감사하다는 답신 메일을 보내왔다. 팀장으로서 늘 메일로 커뮤니케이션을 했음에도 이번 직접 통화는 해당 항목의 중요성도 다시 한번 강조하면서도

감사함을 표시하고, 명절을 잘 보내라는 스킨십까지 병행한 매우
의미 있는 피드백이었다고 생각한다.

/개인 사례/

당신이 현재 업무 혹은 기존 업무에 종사하면서 겪은
다양한 경험 중 리스크의 예측과 대응에 대한 것이
있다면 무엇인가?

리스크 때문에 우리는 많은 손실을 보게 된다. 그렇다고 해
서 모든 리스크가 관리될 수 있다는 것을 의미하는 것은 아니다.
어떤 리스크는 전혀 우리의 영향력 밖에 있기도 하다. 예를 들어
2017년 사드 배치 이슈로 중국 내 한국 기업들은 큰 타격을 입었
다. 유통 회사들은 중국 시장을 정리하기로 결정했지만, H자동
차는 중국 시장에 남아서 성공 신화를 만들겠다고 호언했다. 그
러나 실제로는 전년 동기 대비 매출은 40%, 영업 이익은 30% 급
감하여 조직 운영에 큰 타격을 받았다. H자동차의 1차 벤더사인

품격테크(주)는 전장 부품인 인버터와 구동 모터 등을 H자동차에 납품하고 있다. H자동차의 중국 시장 진출과 생산 시설 증대에 대응하고자 생산 법인을 중국에 증축하였다. 그런데 H자동차의 중국 생산 물량이 줄면서 라인 블랭크가 발생하였고, 매출도 급감했다.

이런 종류의 리스크는 '구성원이나 회사의 영향력 범위'를 넘어서는 것이다. 이를 리스크 예측 단계에서 감안하는 것은 어렵다. 우리의 모든 일은 연결되어 있다. 나비 효과와 같은 파괴력이 기업과 개인에게 미치는 것은 사실이다. 그렇다고 해서 우리가 이 리스크를 통제한다는 것은 어렵다. 이 리스크는 의사 결정과 사후 활동의 영역으로 여기에서 다루기는 어렵다. 우리가 이번 장에서 다루고자 하는 것은 통제와 관리가 가능한 범위의 리스크에 대한 것이다.

예를 들어 의류 산업의 시장을 우리가 통제할 수 있을까? 구매 방식의 변화는 분명 우리가 영위하고 있는 산업에 영향을 미치고 있다. 그렇지만 이는 우리가 말하는 리스크의 영역은 아니다. 시장 트렌드에 대한 빠른 캐치업과 패스트 팔로워로서의 대응이 필요한 영역으로 회사의 리더상에서 강조하고 있는 '전략적 사고와 의사 결정' 부분에서 집중적으로 탐구하게 된다.

일상적이며 리더 수준에서 체크 및 관리 가능한 리스크를 '운영 리스크'로 명명하고, 각자의 위치에 따른 대응에 대해서 깊이 있게 논하고자 한다. '운영 리스크'들에 대해서 두 가지 측면에서 생각해야 한다. 운영 리스크 중 리더가 항상 유념하고 관리해야 할 리스크를 주요 리스크로 정의할 때, 그 두 가지 질문은 다음과 같다. '주요 리스크를 파악하고 있는가?', '주요 리스크에 대한 체계적 대응 방안을 가지고 있는가?'이다. 리더로서 여러분은 아래 질문에 대해 어떤 대답을 할 수 있는 상황인가?

1

우리 조직에서 발생 가능한 주요 리스크를
잘 파악하고 있는가?

> **Q** 나는 우리 조직에서 발생 가능한 주요 리스크를 잘
> 파악하고 있는가?
>
> _____
>
> _____

위 질문에 대한 당신의 대답은 "YES"인가? 당신의 구성원들
도 그렇게 생각하는가? 당신이 담당하고 있는 조직은 중요한 리
스크를 리스트업하고 관리하고 있는가? 이미 하고 있다면 이 리
스트를 구성원들에게 공유하면 된다. 여러가지 이유로 아직 정
리가 되어 있지 않다면 이 시간을 통해서 함께 정리하면 된다.

경영자의 목소리: 주요 리스크 파악·대비

리스크는 사전에 대응하는 것을 가장 우선으로 생각해야 한다. 문제 발생 시에는 상황 그대로를 빠르게 오픈하고 대처할 필요가 있다. 매번 동일하거나 유사한 형태의 사건, 사고가 보고되는 것이 큰 문제가 있다고 생각한다. 세밀한 관리가 부족한 것이다. 리스크에 대한 체크 리스트를 가지고 있어야 한다. 리더로서 구성원들이 프로세스를 지킬 것을 강조하고 예외를 만들지 말도록 노력해야 한다. '다 알고 있다' 혹은 '원래 그렇다'고 생각하면 방심하게 된다. 리스크를 파악하고 대비하는 것은 세밀한 관리가 필요한 영역이다.

구성원의 목소리: 주요 리스크 파악·대비

"사수에게 매일 아침에 보고 메일을 씁니다. 바이어에게 어떤 메일이 왔고 어떻게 회신을 하겠다는 내용을 포함에서 보내면 리스크가 될 만한 내용은 어떻게 하는 게 좋을 것 같다고 얘기해 주십니다."

– 입사 4년 차 S종합 상사 사원

주요 리스크 파악·대비를 위해 리더가 해야 할 일

1단계: 조직의 핵심 업무를 명확히 한다.

2단계: 핵심 업무의 업무 프로세스를 세분화한다. (5단계 이내)

3단계: 해당 업무 프로세스를 진행하는 과정에서 발생할 수 있는 리스크를 상세하게 기록한다.

4단계: 리스크 발생과 관련한 인과 관계를 명확하게 파악해둔다. 이때 협력 부서 또는 외부의 이해 관계자들을 포함하여 작성한다.

5단계: 각 리스크별 발생 가능성과 영향력을 평가한다.

6단계: 발생 가능성과 영향력을 평가 결과를 중심으로 관리 우선 순위를 정한다.

7단계: 확정하는 것이 아니라 구성원들과 이를 가지고 소통해서 최종본을 만든다.

8단계: 7단계 내용을 중심으로 상위 리더와 커뮤니케이션하여 최종 확정한다.

9단계: 리스트를 살아 숨쉬게 해야 한다. 상사가 그것을 모르고 있다면 플레이어로서의 실무자 책임이며, 부하 직원이 그 것을 모르고 있다면 리더로서 내 책임이다. 그것이 바로 리더의 숙명이자 과제이다.

[결론]

9번이 가장 중요하다. 9번이 안 될 때 1~8번은 무용지물이다. 대다수 조직이 9번에서 실패한다. 1~8번에 대한 투자를 100%로 볼 때, 9번에는 90%의 주의와 관심, 노력이 필요하다. 그렇지 않으면 반드시 실패한다.

예시 Sheet | Risk Profile

핵심 업무	고객 대응				
업무 프로세스	발생 가능한 리스크	인과 관계	발생 가능성	영향력	관리 우선 순위
1단계: 발주	Sales ➜ Bulk 발주 시 비용 사고 ➜ 발주 사고	고객- 영업- 생산	M	H	
2단계: 스케줄 관리	생산 스케줄 변동, 자재 스케줄 유동X		M	M	
3단계: 생산 준비	오작업 자재 확인(불량, 요척) 패킹	공장	L M M	H H H	
4단계: 생산 진행	생산량 부족 납기 지연 뒷작업 지연	영업, 법인	H H M	H H H	
5단계: 출고	품질 실패 패킹 스케줄(생산, 부킹) 분실, 손상	공장	H M H H	H H H H	

실습 Sheet │ Risk Profile

핵심 업무	고객 대응					
업무 프로세스	발생 가능한 리스크	인과 관계	발생 가능성	영향력	관리 우선 순위	
1단계:			HML	HML		
2단계:			HML	HML		
3단계:			HML	HML		
4단계:			HML	HML		
5단계:			HML	HML		

2

예측한 주요 리스크에 대한
체계적인 대응 방안을 가지고 있는가?

우리가 말하는 리스크 관리는 ① 발생의 예방과 ② 발생 시 피해를 최소화하는 목적이 있다. 따라서 우리가 정의하는 리스크 관리란 리스크를 예방하거나 리스크에서 발생된 실제적 손실을 줄이기 위해 디자인된 요소의 집합체이다. 리스크 관리를 모든 요소의 집합체로 생각하는 것이 바로 리스크 관리를 보는 본질이다.

조직은 매일 다양한 형태의 리스크에 직면한다. 리스크는 다양하고 영향력이 크다. 리스크 때문에 발생하는 조직 내 현상과 파급력은 조직을 더욱 힘들게 한다. 리스크 관리는 조직 운영의 필수 항목이다. 조직의 시스템과 문화에 접목되어 리더십 활동의 일부로 작동할 때 효과가 있다.

리스크를 효과적으로 관리하기 위해서는 우선 리더들이 리스크 관리를 진지하게 받아들이는 자세가 필요하다. 특히 리스크의 특성상 조직의 사일로 효과Silo effect를 경계해야 한다. 사일로silo는 곡식을 저장해 두는 큰 탑 모양의 창고를 의미한다. 기업에서 조직의 각 부서들이 사일로처럼 서로 다른 부서와 담을 쌓고, 자기 부서의 이익만 추구하는 현상을 말한다. 책임 경영이 만연된 현대의 기업 운영 시스템 속에서, 자기 부서의 실적과 이익에만 몰두하다 보니 서로 의사 소통이 이루어지지 않아 개별 부서의 효율은 커지는데도 회사 전체의 경쟁력을 잃어버리는 결과가 대표적인 사일로 현상이다.

대표적인 사일로 효과의 사례는 애플과 소니의 경쟁에서 애플이 승리하게 된 사례이다. 1999년 세계 최초로 디지털 뮤직 플레이어를 공개한 회사는 소니의 '뮤직클립'이라는 제품과 '디지털워크맨' 제품이었다. 하지만 아쉽게도 소니는 PC 사업부에서 만든 '뮤직클립'과 음향 사업부에서 만든 '디지털워크맨', 게다가 소니가 인수 합병한 아이와에서 생산한 '디지털가이' 제품까지 더해져, 서로의 시너지를 확보하지 못하고 서로 경쟁하는 구도가 계속되었다. 다른 부서와 협조하지 않고, 부서의 이익에만 집중하려는 이기심 때문에 시장 전체를 애플의 '아이팟'에게 넘겨버리는 악수를 두게 된 것이다.

"그건 내 일이 아니고 생산 부서에서 해야 할 일입니다. 그건 그 친구가 일 관리를 잘못해서 그렇지 내 책임이 아닙니다. 상황이 그렇게 된 것을 내가 어떻게 합니까?"라고 말하는 외부 컨설턴트가 있다면, 너무나도 무책임한 컨설턴트라고 할 수 있다. 더군다나 외부 사람이 아닌, 우리 회사의 특정 부문, 특정 팀을 책임지고 있는 리더의 입에서는 이런 말이 나와서는 안 된다. 문제가 밖에 있다고 생각하는 것, 즉 타자他者 귀인歸因, attribution 시점에서 본질적인 문제가 시작되기 때문이다. 이것은 리스크의 예측, 대비, 대응이 리더 DNA의 일부가 되어야 한다는 것을 의미한다.

우리는 앞에서 리스크를 파악하고 면밀하게 체크하는 것에 대해서 이야기했다. 그러나 세심한 관리를 한다고 하더라도 우리가 통제할 수 없는 원인들에 의해서, 리스크가 실제 발생하는 경우가 있을 수 있다. 지금부터는 그 시점에 남이 아닌 '우리 회사의 리더' 입장에서 어떻게 대응하고 관리할 것인지에 대해 이야기 나누게 될 것이다.

경영자의 목소리: 리스크 대응

모든 리스크를 꼼꼼하게 정리하고 이를 세밀하게 점검하는 것은 매우 중요하다. 이것은 기본이다. 나는 리더들에게 이보다는 한 단계 더 높은 수준의 실행을 주문하고 싶다. 자신의 소속 조직만의 이해 관계를 넘어서 전체 조직의 관점에서 이런 리스크를 대응해 달라는 것이다. 어떤 의사 결정이 영업에는 이로운 결정일 수 있지만, 동시에 생산에는 다소의 손해일 수도 있다. 하지만 경영자의 시각에서는 영업의 이익과 생산의 손해가 합쳐져 최적의 의사 결정이 될 수도 있다. 만약 생산에서 단기적인 손해를 거시적으로 보지 못하고 거부한다면 우리는 고객을 만족시킬 수 없고, 결국은 사일로 효과의 늪에 빠져버리고 말 것이다. 우리 조직의 리더들에게는 거시적이고 큰 판을 볼 수 있는 리더십이 필요하다.

구성원의 목소리: 리스크 대응

"대응 방안까지는 준비 안 하는 것 같습니다. 그냥 사건이 터지면 같이 인력을 투입해서 해결해 나가지만 사전에 대응 방안을 생각하지는 않습니다. 상황이 다 다른데 이렇게 단순하고 획일적인 사전 대응 방안을 가지고 대처해 나가는 게 효율적일까라는 의문이 듭니다."

– 30대 후반 D운송기업 책임

리스크에 대해 다른 구성원들은 어떤 생각을 가지고 있는지 본인이 알고 있는 사례를 적고 공유하는 시간을 가져보자.

리스크 대응을 위해 리더가 해야 할 일

리스크에 대한 대응이란 두 가지 측면에서 생각해 봐야 한다. 사전 예방 측면과 사후 대응 측면이다. 사전 예방 측면에서 리더가 해야 할 일은 앞에서 세밀한 리스크 발생 가능 요소들을 점검하고 관리하는 것이다. 세밀한 관리를 했는데도 리스크가 발생할 경우 리더들이 해야 할 것은 무엇일까?

1단계: 먼저 긴급한 이슈에 대한 빠른 결정과 대응이다. 경험이 많은 리더들은 근본 원인이나 책임 소재를 파악하기 이전에 피해를 최소화하기 위해 선조치해야 할 것이 무엇인지 생각하고 바로 의사 결정하여 조치를 취할 수 있도록 한다.(중요한 Point) 이슈가 발생했다는 것은 리더가 전면에 서야 한다는 것을 의미한다. 리스크에 대한 책임은 구성원이 아닌 리더에게 있다.

2단계: 상위 조직에 현상을 공유해야 한다. 책임에 대한 추궁이 두려워 보고하는 것을 늦추거나 자신의 과오를 숨기고 타 부서나 구성원의 잘못이라고 치부할 경우, 반드시 부메랑

이 되어 우리의 뒤통수를 치게 된다. 즉, 손쓸 수 없을 정도의 눈덩이가 되어 우리 자신에게 돌아오게 된다. '무엇이 발생했고, 그 원인은 어디에 있다. 우리는 구체적으로 이렇게 조치할 것이다. 상위 조직에서는 이 부분까지 알고 있고, 이 부분은 지원을 해달라. 내가(우리 조직이) 먼저 최선을 다해 해결할 수 있도록 조치하겠다'는 내용을 포함해야 한다.

3단계: 적정한 리스크 대응을 위한 사전 시나리오를 미리미리 구성해 두어야 한다. 무속인의 역할을 하기 위해 실제 굿판을 수십 번 방문하고 기록하고 연습했다는 한 배우의 인터뷰는 우리 리더들에게 업의 본질을 성찰하게 한다. 미리 준비되지 않은 연기와 리더십은 동일한 결론으로 귀착될 뿐이다.

4단계: 리스크 대응 시나리오를 구성원들이 이해할 수 있도록 사전에 충분히 설명하고 교육해 두어야 한다.

1단계: 앞에서 작성한 리스크 프로파일에서 리스크 관리의 사전 통제 가능성이 낮은 것을 한 가지 선정한다.

2단계: 만약 발생한다고 가정하고 해야 할 조치를 세분화한다. 이때 긴급 조치할 것, 상위 조직에 공유해야 할 것, 후속하여 해야 할 행동으로 구분하여 작성한다.

3단계: 작성한 내용을 가지고 구성원들과 토론과 합의의 과정을 가져야 한다.

4단계: 합의된 내용을 중심으로 상위 리더와 협의하여 최종 확정해야 한다.

5단계: 최종 확정된 내용을 구성원들에게 다시 공유하고, 일을 진행할 때 이 내용을 중심으로 설명하고 점검 및 실행하겠다고 반복해서 설명한다.

리스크 대응 연습

예시 Sheet | Risk 대응

발생 가능한 리스크명	발주 입력 착오
긴급 조치할 것	① 원인 분석(마카, 효율, 로스율, 시접, 축률) 및 요척 재산출 ② 원단 재조치(생산 스케줄 문제없도록 선조치) 후 후속 발주 분에 대해서 정리 ③ 현황 파악
상위 조직에 공유할 것	① 영업 마카 ② 법인(생산) 마카 기준 ➜ 본부 기술팀(테크니션, 패턴 제작) 공유하여 영업 마카 진행 시 적용
후속하여 해야 할 행동	① 근본 원인을 파악하기 위해서 해야 할 일 • PM 현지 MR 교육, 템플릿 제공 • 합의 프로세스 기준 정립. 문서 표준화 ② 조치 이후 후속 관리를 위해서 해야 할 일 • 모니터링(기준, 타임라인, 정확도)

실습 Sheet | Risk 대응

발생 가능한 리스크명	
긴급 조치할 것	①
	②
	③
상위 조직에 공유할 것	①
	②
	③
	④
	⑤
후속하여 해야 할 행동	① 근본 원인을 파악하기 위해서 해야 할 일
	② 조치 이후 후속 관리를 위해서 해야 할 일

Action Item 1. 리스크 관리 전체 구성원 워크숍

해당 조의 핵심 업무에 대해서 작성한 리스크 프로파일을 가지고 전체 구성원들과 워크숍을 진행하라.

- 별도 퍼실리테이터를 선정하여 진행하는 것이 좋다.
- 시간: 2시간 이내
- 워크숍 진행 프로세스
  - 리스크 Profile 설명
  - 리스크 Profile에 대한 토론과 확정
  - 리스크 대응 시나리오 설명
  - 리스크 대응 시나리오 토론과 확정

Action Item 2. 워크숍 이후 상위 조직의 리더와 협의

- 최종 정리한 내용을 가지고 상위 조직의 리더와 협의하라.

생각해 보기　　　　　　　Think Wise

'리스크 관리'를 중심으로 한 대화를 하면서 당신이 배우고, 느끼고, 알게 된 사실은 무엇인가?

_____

_____

_____

_____

_____

_____

_____

_____

_____

If you don't write it down, it doesn't exist.

세밀한 일 관리란 무엇일까? 일반적으로 많은 사람들은 세밀함과 꼼꼼함의 중요성에 대해서 공감하면서 이 단어에 대해 부정적 인식을 가지고 있기도 하다. 꼬치꼬치 따진다는 느낌으로 이 말을 받아들이기 때문이다. 우리가 얘기하고자 하는 세밀함은 균형적이며 체계적인 것이다. 이는 동기 부여에서 다룬 자율적인 분위기 조성과도 관련성이 깊다. 자율은 책임이 전제가 되어야 하며, 방임과 간섭 사이에서 적절한 균형을 유지할 때 가능하다.

루이 14세는 프랑스 역사상 회계에 관심을 보인 첫 번째 군주였다. 1661년부터 수입과 지출, 자산을 기록한 회계 장부를 1년에 두 번씩 받았다. 주머니에 넣고 다닐 수 있는 금박으로 장식한 조그만 회계 장부를 통해 언제라도 국가의 재무 상태를 확인하고자 했던 것이다. 하지만 막대한 비용이 드는 전쟁과 호화스러운 궁전을 사랑한 탓에 늘 적자에 시달리던 그는 더 이상 장부를 기록하지 않도록 지시한다. 회계 장부가 통치의 효과적인 도구가 아니라, 국왕으로서의 결함을 증명하는 증거가 됐기 때문이다.

1781년 미국 독립 전쟁을 지원한 프랑스 정부는 부채에 허덕

이게 된다. 루이 16세는 프랑스가 사실상 부도 상태였음을 알았으나 회계 장부를 절대 공개해서는 안된다고 경고한다. 하지만 이후 심각한 재정난이 기록된 왕실 회계 장부가 공개되자 루이 16세는 제왕의 신비감을 잃고 급기야 단두대로 보내지게 된다.

누차 강조하지 않았는가? 측정되지 않으면 결코 관리되지 않는다. 우리가 작성한 리스크 프로파일은 우리 모두에게 회계 장부와 같은 역할을 할 것이다. '잘 알고 있겠지…' 하는 막연한 기대감은 절대적 무책임으로 평가될 수 있다. 구성원들과 합의되지 않고, 기록되어 관리되지 않으면 결코 실행되지 못하게 된다.

일반적으로 직원 교육에서 리스크 관리를 위해 리더가 무엇을 해야 할지 구체적으로 알려달라는 요구가 많다. 이는 길을 가는 행인들을 붙잡고 '내가 부자가 되는 방법을 알려달라고 외치는 것'과 별반 차이가 없다고 생각된다. 본 책의 리더십에서는 리스크 관리를 넘어 리스크 인텔리전스Risk Intelligence를 지향하는 조직의 리더들을 위해 근본적인 실행 점검의 도구로서 체크 리스트를 제시한다. 하지만 우리 조직 내에서의 구체적 실행 방법은 스스로 찾아야 한다.

20 년 월 캘린더

내가 관심을 가지고 해야 할 일

언제 할 것인가

일(日)	월(月)	화(火)	수(水)	목(木)	금(金)	토(土)

20 년 월 캘린더

내가 관심을 가지고 해야 할 일

언제 할 것인가

일(日)	월(月)	화(火)	수(水)	목(木)	금(金)	토(土)

20 년 월 캘린더

내가 관심을 가지고 해야 할 일

....

....

....

....

....

....

....

....

언제 할 것인가

일(日)	월(月)	화(火)	수(水)	목(木)	금(金)	토(土)

내가 담당하는 우리 조직의 리스크 IQ는 몇 점?

활동(Practice)	역량 수준				
리더는 적시에 적합한 의사 결정을 하기 위한 정보와 통찰력을 보유하고 있다.	1	2	3	4	5
우리 조직은 지속적이고 일관된 가치와 문화, 보상 체계를 가지고 있다.	1	2	3	4	5
리더는 가치의 창출과 보존을 위해 효과적인 전략/전술을 실천하고 있다.	1	2	3	4	5
리더는 가치와 리스크에 대한 명확한 오너십을 가지고 있다.	1	2	3	4	5
모든 구성원들은 리스크의 회피자가 아니라, 리스크 선호자이다.	1	2	3	4	5
리스크 관리의 모든 고려 사항은 핵심 의사 결정과 업무프로세스에 내재되어 있다.	1	2	3	4	5
우리 모두는 리스크 총비용(Total Cost of Risk)에 대해서 잘 알고 있다.	1	2	3	4	5

기법(Skills)	역량 수준				
우리 조직은 정기적으로 업무 방식의 가정에 대해 의문을 제기한다.	1	2	3	4	5
우리 조직은 업무 환경에서 기회와 위협 요인에 대해 높은 수준의 경계를 유지한다.	1	2	3	4	5
우리 조직은 리스크 모멘텀과 속도를 리스크 평가 절차에서 평가한다.	1	2	3	4	5
우리 조직은 주요 의존 관계 사이의 핵심 연결 고리를 모든 구성원들이 알고 있다.	1	2	3	4	5
우리 조직은 효과적 대응을 위해 잠재적 실패 원인을 미리 예측해본다.	1	2	3	4	5
우리 조직은 지속 경영을 위해 적절한 안전 마진을 인식하고 있다.	1	2	3	4	5
우리 조직은 혁신과 성장을 촉진시키기 위해 가치 창출이 가능한 리스크를 충분히 감수한다.	1	2	3	4	5
우리 조직은 모든 관리 수준마다 핵심적인 운영 원칙을 유지하고 있다.	1	2	3	4	5

출처: "위기 관리의 새 패러다임 리스크 인텔리전스 경영"(DBR) 중에서

우리 조직에서 리스크를 제대로 관리하고, 이를 올바르게 실행하기 위해 해야 할 구체적인 항목은 무엇인지 구성원들과 토론해 보자. 그리고 그 결과를 기록하자. 리스크 관련 사례가 있을 때마다 이 페이지를 업데이트 한다.

아래의 글을 읽고 다시 한번 질문에 답해 보자.

생각해 보기　　　　　Think Wise

"이전에도 변화는 있었다. 그러나 이제는 다르다. 월요일에 초우량 기업이었던 우리 회사, 화요일에 갑자기 이상한 조짐이 보인다. 그런데 이걸 당장 감지해서 해결하지 못하면 수요일에는 좀 더 확대된 새로운 사건이 터진다. 그리고 다음 주쯤에는 아마도 회사는 만신창이가 되어 있을 것이다."

– 필립 코틀러(Philip Kotler)

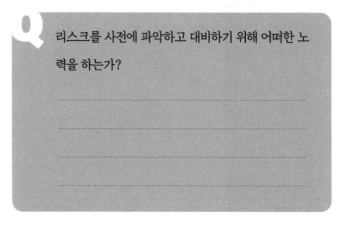

리스크를 사전에 파악하고 대비하기 위해 어떠한 노력을 하는가?

If you don't write it down, it doesn't exist.

아래의 글을 읽고 다시 한번 질문에 답해 보자.

생각해 보기　　　　　**Think Wise**

"책임의 시대엔 실수를 하지 않는 것이 미덕이 아니라 실수를 깨끗하게 인정하고 다시는 실수하지 않도록 주의하는 것이 미덕이며, 우리는 그렇게 할 것이다."

– 버락 오바마(Barack Obama)

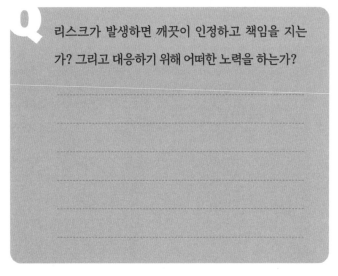

리스크가 발생하면 깨끗이 인정하고 책임을 지는가? 그리고 대응하기 위해 어떠한 노력을 하는가?

If you don't write it down, it doesn't exist.

먼저 도움을 요청하지 않는다고 도움이 필요치 않다는 뜻은 아니다

돕지 않는 리더는 사람이다. 도움을 요청할 때 돕는 리더는 괜찮은 사람이다. 도움이 필요한 사람이 누구인지 파악하고 먼저 도움을 주는 리더는 현명하고 탁월한 사람이다. 리더라면 플레이에게 무엇이 필요한지 캐치하는 센스 하나 정도는 장착하고 있어야 한다.

실행력의 세 번째 주제인 '업무 실행 지원'이다.

/핵심 질문/

구성원의 업무 실행을 지원하고 있는가?

Are you supporting the work of your members?

업무 실행을 지원한다는 것은 구성원이 업무를 실행하는 과정에서 겪는 어려움이나 도움 요청에 적극적으로 대응하는 것을 의미한다. 자신의 과거 경험을 비춰보거나, 구성원의 입장에서 생각해 봐야 한다. 현재 자신의 위치에서 쉽게 해결될 일이지만 구성원은 다양한 형태의 어려움을 겪을 수도 있다. 유관 부서의 부족한 지원, 클라이언트의 터무니없는 요구, 업무를 하는 데 필요한 자원과 시간의 부족, 심지어 경력이 짧다는 이유로 무시하고 자존감을 떨어뜨리는 행동을 하는 선배나 고객, 수면 위로 드러나지는 않지만 미묘한 갈등 등 업무를 방해하는 요인들이 많다. 이런 요인들은 일을 하다 보면 당연히 존재한다. 그리고 우리 리더들도 그런 경험을 하면서 지금의 자리까지 온 것이 사실이다. 지나고 보면 별일이 아닌 것일 수도 있다. 그러나 그 과정을, 그 고비를 '지금 이 시점에' 넘고 있는 사람에게는 도움이 되는 말이 아니다.

리더로서 당신이 해야 할 것은 크게 세 가지이다. 첫째, 구성원들의 업무 실행 과정을 관심 있게 모니터링해야 한다. 개인마다 차이가 있을 수 있음을 전제로 그들 자신의 업무를 실행하는 데 있어서의 근본 문제가 무엇인지 촉각을 곤두세워야 한다. 둘째, 그 개인차를 고려한 구성원들의 실행력 극대화를 위해 필요한 적재적소의 자원을 적시에 제공해야 한다. 셋째, 정말 중요한 일에 집중할 수 있도록 부가적인 일이나 헛일을 제거해주기 위해 노력해야 한다. 만약 그중 일부가 리더로서 당신의 영향력 범위를 넘어가는 것이라면 솔직하게 이유를 설명해 주면 된다. 그렇다면 과연 어떤 리더십 행동이 필요할까?

─────── | 경험 공유 | ───────

스타트업 A사의 클리어Clear 미팅

스타트업인 A사는 Clear 미팅이라는 제도를 가지고 있다. 클리어 미팅은 일대일로 진행되며 주로 두 가지 활동을 한다. 구성원 입장에서 리더가 했던 말이나 행동에서 혼선을 주었던 것이 무엇인지에 대해서 얘기를 듣고, 부연 설명을 함으로써 수행에 대해서 명확하게 하는 것이다. 또 한 가지는 업무를 수행하면서 겪게 되는 어려움이 무엇인지, 리더가 무엇을 지원해 주면 좋은지를 파악하는 활동이다.

팀 내 파트 제도를 운영하는 팀의 업무 재분배 및 조정 케이스

A팀은 다른 영업팀과 마찬가지로 팀 내 파트 제도를 운영하고 있다. 그래서 파트장에게 많은 권한이 위임되어 있고, 구성원들 또한 대부분의 업무 커뮤니케이션을 소팀장과 하는 편이다. 플레이어 입장에서는 팀장에게 직접 무슨 의견을 내기가 어렵고 멀게

느껴질 수밖에 없다. 그래도 A팀 팀장은 작년까지 파트장으로 함께 일했기 때문에 구성원들의 업무 내용을 비교적 잘 알고 있는 편이다. 혼자 야근으로 남아 있을 때, 종종 "지금 무슨 업무가 남았지?"라고 물어본다. 구성원이 남은 업무를 설명하면 "이 일은 업무 분배를 다시 생각해서 조정할 테니, 여기까지 하고 정리하세요!"라고 명확하게 업무 지시와 지원을 해준다.

Men's팀과 Women's팀의 시즌이 조금씩 차이가 나기 때문에 상황을 봐서 성수기 업무가 몰리는 다른 파트의 업무를 도와주도록 업무 조정 및 지원을 해주기도 한다. Men's팀과 Women's팀 간에 많은 교류가 있지 않아도 팀 분위기가 좋은 것으로 알려진 것은 이런 이유 때문이다.

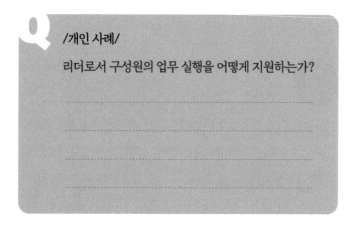

/개인 사례/

리더로서 구성원의 업무 실행을 어떻게 지원하는가?

1

효율적으로 업무를 배분하는가?

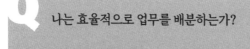

Q 나는 효율적으로 업무를 배분하는가?

업무를 분배하는 것은 리더와 구성원 사이에 매우 중요한 일이다. 상위 리더가 될수록 본인이 할 일과 구성원이 해야 할 일을 구분해야 한다. 리더가 반드시 하지 않아도 될 일에 대해서는 업무 배분을 통해 구성원에게 위임해야 한다. 리더가 모든 일을 다 할 수 없다. 그래서도 안 된다. 구성원은 리더가 해오던 상위역할을 해보면서 관점도 넓어지고 역량도 향상된다. 리더의 성공은 구성원의 뒷받침 없이는 불가능하다. 구성원의 실행력을 높이는 것은 리더의 가장 큰 책임이기도 하지만 리더 자신의 성공을 위해서도 꼭 필요한 것이다.

회사 내 팀 또는 부문 또는 본부에서는 업무를 분배할 때 원칙이라는 것이 존재한다. 물론 모든 사원이나 직원이 동일한 업무능력과 능률을 가지고 있으면 좋겠지만 개개인의 차이점이 분명히 있는 만큼 그것은 불가능 하다는 것이다.

경영자의 목소리: 효율적 업무 배분

효율적으로 업무를 배분하고 정리하는 것은 리더십 발휘에 있어서 아주 중요한 영역이다. 우리는 혼자 할 수 없기 때문에 같이 일을 한다. 어떤 시기에 어떤 부서나 사람은 바쁘고, 어떤 부서나 사람들은 여유가 있다. 서로 협력하고 도울 수 있도록 임원, 팀장들이 협조하고 관리하는 것이 바람직하다고 생각한다.

구성원의 목소리: 효율적 업무 배분

"조직이라는 것이 정해져 있는 일만 하는 것은 아닙니다. 딱 업무 분장되어 있는 것만 하고 나머지는 명확하게 외부로 아웃소싱하고 하면 얼마나 좋겠습니까? 그런데 그렇게 칼로 무 자르듯 명확하게 구분되는 일이 얼마나 되겠습니까? 루틴하게 하고 있는 일도 있지만, 스텝 부서에서 요청하는 문서, 본부장님이나 사장님 지시로 내려온 업무 등 급한 것도 있고, 중요한 것도 있고 참 많습니다. 팀장으로 제가 처리할 일도 있지만, 이런 내용을 구성원들이 해줘야 하는 것도 있습니다. 그런데 요즘 친구들 참 부담됩니다. 명확하기 때문입니다. '그건 제 일 아닌 것 같은데요'라고 딱 끊어버립니다. 참 황당합니다. 이럴 때 저는 어떻게 해야 할까요?"

– 30대 후반 ○○유통 기업 팀장

"본부장님이 어떤 일이 있으면 저희 팀장님께 많이 얘기하시는 것 같습니다. 누가 봐도 3팀이 지금 시즌에는 더 여유가 있는데 저희 팀장님께 해보라고 하시는 것 같습니다. 왜 우리 팀이 해야 하는지 이유 설명 없이 그냥 하라고 하십니다. 팀장님도 '상무님이 시키시는 거니까 무조건 해야지'라고 말하면서 얼렁뚱땅 업무를 넘겨주십니다. 그런 경우 선배들도 모르는 척하고, 후배들은 아직 경력이 짧아서 어려워하고 해서 선임인 저에게 일을 다 맡깁니다."

– 20대 후반 S상사 선임

효율적 업무 배분

효율적인 업무 배분을 위한 원칙이 분명히 존재한다. 아래 효율적 배분을 위한 원칙을 읽어보고 본인의 스타일과 비교해 보길 바란다.

① **개인의 발전이 회사의 발전임을 알고 발전을 모색할 수 있는 업무를 맡겨야 한다.**

조직은 개인의 합이다. 조직의 자산인 개인이 발전이 될 수 있도록 해야 한다. 따라서 상위부서로부터 내려온 업무가 개인의 발전과 어떤 연관성이 있는지에 대해서 생각해 보고 업무를 배분하고, 배분한 이유를 설명해줘야 한다.

② **노력하는 사람에게는 보다 많은 양의 업무가 아닌 혜택이 주어져야 한다.**

조직에는 노력파가 분명히 존재한다. 노력하는 구성원에게는 분명히 혜택이 주어져야 한다. 개인의 발전을 위해 노력하는 사람은 그 발전이 회사에 도움이도록 업무가 이루어져야 하고 회사를 위해 노력하는 사람은 그만큼에 혜택이 주어져야 한다는 것이다.

③ **상대적 박탈감이 없도록 해야 한다.**

개인 사정으로 인하여 업무에 소홀할 수도 있다고 구성원
들은 이야기할 수 있다. 하지만 리더라면 개인의 입장도 중
요하지만 회사의 입장도 중요하다. 단기간 구성원 개인을
보호해 주는 것이 업무 능률을 높이는 효과를 보이겠지만
장기간 특정한 개인에 대한 호의는 다른 사람의 업무 효율
을 떨어뜨릴 뿐만 아니라 동료 간의 불신감을 가중시킨다.

④ **한 사람에게 업무를 집중시키지 말아야 한다.**

일을 잘하는 사람에 대한 보상은 더 많은 일이라는 우스개
소리가 있다. 그런데 이것은 실제 현업에서 많이 존재하는
말이기도 하다. 책임감이 강한 개인은 업무에 집중함으로
써 짧은 시간에 많은 일을 해낼 수 있다. 하지만 사람은 기
계와 다르게 장시간 자신의 능력을 벗어나는 일이 주어진
다면 다른 생각을 하게 된다.

⑤ **목표를 만들어 주어야 한다.**

개인의 목표든 회사의 목표든 그룹의 목표든 반드시 목표

를 만들어 주어야 한다. 할당받은 업무에 대해서는 당신이 기대하는 아웃풋의 모습을 명확하게 알려주어야 한다. 만약 본인 또한 명확하게 캐치를 못했다면 배분 대상자와 함께 논의해서 끝 그림을 기반으로 출발할 수 있도록 도와야 한다. 목표가 없으면 개개인을 하루살이 인생으로 만들어 중요한 회사의 자산인 개인을 못 쓰게 만드는 지름길을 택하게 되는 것이다. 이 목표는 불분명한 목표가 아닌 확실한 목표를 만들어 주어야 한다. 그럴수록 개개인의 업무는 명확해지고 노력하게 되는 것이다.

⑥ **하고 싶은 일을 시켜야 한다.**

어려운 일이다. 리더인 나조차도 동의되지 않는 일을 지시받았을 때 그 일을 분배해야 하는 경우가 있을 테니까. 이럴 때 우리는 늘 '조직이 하라면 하는 거지?', '넌 어떻게 하고 싶은 것만 하면서 살려고 하냐? 이번에는 희생해라', '몰라 일단 해보자'라고 말한다. 이건 너무 무책임한 리더의 말이다. 일의 의미, 일의 목표를 명확히 하는 것, 명확한 내용을 중심으로 그 일을 하고 싶은 일로 만드는 것은 리더의 책임이다.

효율적 업무 배분

당신의 업무 배분 방식을 정리해 보길 바란다. 당신의 업무 배분 방식은 합리적인가? 당신의 업무 배분 방식에 대해서 구성원들은 긍정적으로 동의하고 따라오고 수용하고 있는가? 효율적 업무 배분을 위해서 해야 할 일은 업무량에 대한 정확한 파악과 개별 업무 능력 그리고 성장의 가능성이다. 이를 기준으로 업무를 배분해야 한다. 업무 배분 과정에서 누구에게 이 일을 주어야 하는가를 결정하는 것과 함께 그에게 충분한 설명을 하고 동의를 구하는 것이 아주 중요하다.

당신이 업무 분배를 할 때 겪었던 어려움이나 성공 사례를 공유해 보자.

당신의 업무 분배 원칙을 공유해 보자.

2

플레이어가 어떤 어려움을 겪고 있는지 파악하는가?

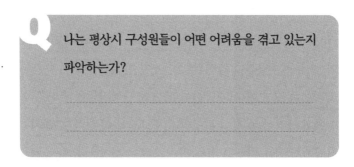

> **Q** 나는 평상시 구성원들이 어떤 어려움을 겪고 있는지
> 파악하는가?
>
> _____
>
> _____

리더는 타인에 의해서 성과를 만들어내는 사람이다. 리더는 자신이 플레이어로서 성과를 내는 사람이 아니다. 축구 경기를 생각해 보라. 당신이 기술과 능력을 가지고 있을 수 있다. 그러나 당신이 그라운드에서 뛰고 있는 것은 바람직하지 않다. 그렇다고 해서 벤치의 교체 멤버도 아니다. 당신은 감독이다. 플레이어가 잘될 수 있도록 도와야 하는 사람이다. 그것이 리더의 일이다. 리더는 다른 사람에 의해서 성과가 만들어질 수 있도록 돕

고 유도하는 사람이다. 통제하거나 관리하지 않고 지원하고 돕는 것이 리더의 역할이다. 과거의 방식에서는 통제와 관리가 맞았을 수도 있다. 우리의 산업에서는 그것이 맞다고 주장할 수도 있다. 그 의견이 틀렸다는 것도 아니다. 다만 우리가 생각해야 하는 것은 우리가 함께하고 있는 다음 세대들이다. 다음 세대는 통제와 관리를 거부하는 것이 익숙한 문화에서 자랐다. 그들과 함께 일하는 문화를 만들기 위해서는 실행 지원의 관점이 통제가 아닌 지원으로, 관리가 아닌 도움으로 변화해야 한다. 그래서 이 장에서는 당신이 당신의 리더에게 받았던 지원에 대해서 생각해보는 것이 아니라 당신이 당신의 구성원들에게 지금 이 시점에서 해줘야 할 것이 무엇인지 생각해 봐야 한다. 그래서 지금 시점에서 업무 실행을 위해 리더가 해야 할 행동은 구성원이 업무를 실행하는 데 있어 어려움을 파악하는 것이다.

경영자의 목소리: 어려움 파악

일을 잘하는 사람에게는 더 많은 일이 몰리는 경향이 있다. 어려움을 파악한다는 것은 그 사람의 관점이 되어서 그 사람 입장에서 일을 하면서 어렵다고 생각되고 힘들다고 생각되는 것이 무엇인지 듣는 활동이라고 본다. 특별하게 퇴사율이 높은 팀이 있다. 그런데 해당 팀의 리더는 문제를 정확하게 인지 못하고 있다. 구성원들이 어떤 어려움을 가지고 있는지 파악하지 못하고 계속 '버틸 수 있는 사람'만 찾고 있다. 뭔가 해결해 주기 위해 노력하는 것 그것이 리더의 역할이다.

구성원의 목소리: 어려움 파악

"팀장님이 사전에 상황별로 어떻게 대응해야 하는지 교육을 해 준 적은 있지만, 현실적으로 지켜질 수 없는 사항도 있습니다. 예를 들어, 샘플이 나오면 모든 샘플을 검사받으라고 하신 적이 있는데, 그게 현실적으로는 불가능합니다. 그렇게 말씀은 하셨는데 지켜지지 않는 사항입니다. 만약 팀장님 말씀처럼 전수 조사가 꼭 필요하다고 한다면, 업무의 우선 순위에 대한 조정이 필요하다고 봅니다. 부가적인 업무들을 제거하면 전수 조사 하는 것이 가능할 것입니다. 또는 전수 조사를 할 수 있는 인력을 배치하는 것도 방법이 아닐까 싶습니다. 그런데 사실 이런 대화를 나누기 어렵습니다. 그냥 하라고 말씀하시지, 수행 과정에 대해서는 의견을 듣지 않으시려고 합니다."

– 입사 12년 차 ㅇㅇ의류 기업 책임

"팀장님과 깊은 얘기 인간적인 얘기를 나누고 싶은데 저에게 팀장님은 어려운 분입니다. 팀장님은 나와 직급 차이도 많이 나고 회사에 엄청난 애사심이 있는 분이거든요. 그래서 얘기를 들으시면 "아 네가 그랬구나. 그런데 나는 이해를 못하겠어"라고 말하십니다. 그래서 그 이후로 말을 하지 않게 되었습니다."

- 영업 입사 4년 차 W기계 공구업체 사원

▌How to ▌

어려움 파악을 위해 리더가 해야 할 일

구성원이 어떤 어려움을 겪고 있는지 파악하는 것이 어려운 일이다. 어떤 사람은 말도 안 되는 요구를 할 수 있고, 또 어떤 사람은 리더인 당신의 영향력의 범위를 넘어서는 것을 요구할 수도 있다. 또 다른 사람은 '별로 어려운 것이 없습니다'라고 말할 수 있다. 이 과정에서 당신은 때로 답답하고 때론 도대체 내가 어떻게 해야 한다는 말인가라고 자포자기할 수도 있다. 그렇다고 해서 우리가 구성원의 업무 실행에 대한 지원을 멈출 수는 없는 법이다. 그렇다면 어떻게 하는 것이 좋을까?

1단계: 구성원에게 일대일 미팅을 제안한다. 시간은 30분 정도이며 나는 당신의 이야기를 듣고자 한다고 명확하게 밝힌다.

사전에 아래 세 가지 질문을 메일로 보내시길 바란다. 리더의 질문은 'LDS'로 요약된다.

(L: Learning) 업무를 하면서 당신이 얻은 것, 배운 것은 무엇인가?

(D: Difficulties) 업무를 하면서 겪고 있는 어려움은 무엇인가?

- 업무 프로세스 때문에 겪고 있는 어려움은 무엇인가?

- 유관 부서와의 관계에서 어려움은 무엇인가?

- 고객과의 관계에서 어려움은 무엇인가?

- 팀 내에서 어려움이나 불편함이 있다면 무엇이 있는 가?(팀 내 업무 프로세스, 부서 적응, 구성원들과의 관계 등)

- 개인 차원에서 겪고 있는 어려움은 무엇인가?(지식, 경험, 적응도, 감정 등)

- 조직 차원에서 겪고 있는 어려움은 무엇인가?(팀 간의 업무 프로세스, 회사 적응, 제도, 비전 이해, WLB 등)

(S: Support) 리더로서 지원을 해줬으면 하는 것은 무엇인가?

2단계: 해당 일정에 본인을 만나기 전에 질문을 다시 리뷰하고 예상될 수 있는 그(녀)의 어려움에 대해서 생각해 봐야 한다.

3단계: 열린 대화를 할 수 있도록 분위기를 만들어야 한다. 이때 당신이 지원하고 지지해 줄 것이라는 믿음이 있어서 구성원은 자기 검열하지 않고 자신의 생각을 자연스럽게 표현할 것이다. 주장하지 않고 듣겠다는 것을 명확히 하고 계속 그 사람이 말할 수 있도록 유도해야 한다. 그가 말하는 동안은 고개를 끄덕이고 눈을 마주쳐서 적극적 경청이 이루어지고 있음을 확인해준다.

4단계: 어려움과 지원 요청 사항에 대해서 꼼꼼히 메모해 두어야 합니다. 정리해서 보내라고 하는 것은 금물이다.

5단계: 대화를 마무리할 때 꼭 해야 할 말은 두 가지이다.
① 혹시 더 얘기하거나, 리더로서 내가 알고 있었으면 하는 사항은 없는지?
② 나는 이렇게 당신의 요청에 지원하고 도움을 주겠다는 조치와 향후 계획을 명확하게 해야 한다.

6단계: 대화 이후 조치 사항에 대해서 정리하여 공유한다.

일대일 미팅

예시 Sheet │ 대상 선정과 메일 작성

---

① 대상 선정

이름	일시	장소
임만남	2023.11.10(금) 10시 30분~11시00분	본관 3층 미팅룸
김시내	2023.11.17(금) 10시 30분~11시00분	1층 할리스 커피
이다해	2023.11.24(금) 10시 30분~11시00분	스타벅스

② 이메일 작성

제목: [클리어 미팅] 임만남 님과 일대일 미팅을 진행하려고 합니다.

연일 업무 처리한다고 고생이 많으십니다. 본인이 수행하고 있는 일들이 잘 진행될 수 있도록 돕기 위해 클리어 미팅을 진행하려고 합니다.

이번 미팅은 1:1로 진행되며 본인이 겪고 있는 어려움을 파악하여, 리더로서 제가 지원해야 할 것이 무엇인지 명확하게 하기 위해서 입니다. 아래 질문들에 대해서 미리 생각을 해두면 좋을 듯 합니다. 편하게 자신이 가지고 있는 생각을 얘기해 주세요. 저도 최대한 지원할 수 있도록 노력할 예정입니다.

[질문]

1. 업무를 하면서 당신이 얻은 것, 배운 것은 무엇인가?

2. 업무를 하면서 겪고 있는 어려움은 무엇인가?

   • 업무 프로세스 때문에 겪고 있는 어려움은 무엇인가?

   • 유관 부서와의 관계에서 어려움은 무엇인가?

   • 고객과의 관계에서 어려움은 무엇인가?

   • 팀 내에서 어려움이나 불편함이 있다면 무엇이 있는가?

3. 리더로서 지원을 해줬으면 하는 것은 무엇인가?

일시: 2023.11.10(금) 10시 30분~11시 00분

장소: 본관 3층 미팅룸(장소는 제가 예약해두겠습니다)

그럼 10일에 보겠습니다.

PS) 일정 변경이 필요하면 말씀주세요.

| 주의 |

모든 의사 소통이 이메일이나 SNS로 진행되는 현 시대에서 감성의 힘을 무시할 수 없다. 은행 거래를 한번 생각해 보길 바란다. 1588 대표 번호를 누르고 있는 당신은 이미 어느 정도 할 수 있는 일은 해 본 상태이다. 중요한 것을 잃어버린 급박한 상황일 수도 있다. 그때 들려오는 녹음된 목소리, 반복된 번호 입력 요구들… 혹시 이런 ARS나 공인인증서 사용을 시도하다가 감정만 상하고 포기하신 적은 없는가?

여러분의 소중한 구성원도 지금 그런 상태일 수 있다. 혹시 위의 메일이 뜬금없는 통보일 수도 있는 일이다. 위 메일의 샘플은 충분한 사전 교감과 이해가 전제될 경우에만 활용하길 바란다. 혹시 눈을 맞추며 본심을 전달해야 할 구성원이 있지는 않은가? 그렇다면 그것이 먼저 선행되어야 한다. 쌀을 씻어 전기 밥솥에 넣지 않고, 전기 밥솥 구매만으로는 결코 밥이 되지 않는다.

일대일 미팅 대상 선정 및 이메일 작성

실습 Sheet │ 대상 선정과 메일 작성

① 구성원 중 업무 실행 지원이 필요하다고 생각하는 3명을 떠올려 보자.

② 본인의 캘린더를 확인하고 1개월 이내에 실행 지원 면담 일정을 잡아보자.

이름	일시	장소

③ 그에게 보낼 이메일을 작성한다.

3

실행력을 높이기 위해
그들이 필요로 하는 자원을 지원하는가?

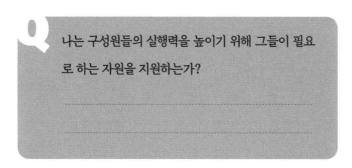

나는 구성원들의 실행력을 높이기 위해 그들이 필요로 하는 자원을 지원하는가?

자원 지원을 위해서는 리더로서 할 수 있는 일과 외부로부터 지원을 받을 수 있는 일로 구분해야 한다. 예를 들면 고객사를 같이 방문해 주거나, 고객에게 전화, 이메일을 보내서 우리 구성원이 잘할 수 있도록 도와달라고 말하는 것은 약간의 관심과 노력으로 가능할 수 있다. 물론 이 또한 아주 어려운 일인 경우도 종종 있다. 당신에게 익숙하지 않은 행동일 수 있기 때문이다.

다시 한번 강조하지만 리더는 자신이 직접 나서서 일을 하기보다 구성원들이 일을 잘할 수 있도록 돕는 역할이 중요하다. 그렇기 때문에 리더인 당신이 해야 할 중요한 리더십 활동 중 하나는 외부의 자원을 확보하기 위해 노력하는 것이다. 외부의 자원이란 상사의 지지, 협력 부서의 지원, 고객의 관심과 배려 확보이다. 이것은 당신이 해야 할 중요한 일이다.

어느 찌는 듯한 여름 날, 미국의 한 식당에서 갑자기 에어컨이 고장났다. 하필이면 가장 손님이 몰리는 점심 시간 직전이었다. 급히 수리하기도 어려웠다. 예약한 손님만 100여 명에 실내온도는 30도가 넘었다. 이때 한 매니저는 위기를 기회로 만든다. 그는 우선 밖으로 나가 선풍기 2개를 샀다. 비좁은 사무실에서 땀을 뻘뻘 흘리며 전화 예약을 받는 직원 2명에게 먼저 선풍기 두 대를 틀어준다. 다음에는 근처 다른 가게에 가서 전지로 작동하는 미니 선풍기를 몽땅 사왔다. 그는 에어컨 고장으로 찜통이 된 식당에 있던 고객들에게 진심 어린 사과와 함께 미니 선풍기를 선물로 준다. 순간 고객들은 짜증을 내기보다 선물을 받고 즐거워하기 시작한다. 27세에 유니온스퀘어 카페를 시작하여 쉐이크쉑을 포함한 10여 개의 외식업체 브랜드를 경영하게 된 대니 마이어 회장의 일화이다.

이 일화에는 리더의 자원 지원에 대한 모든 철학이 담겨있다.

대개는 손님에게 먼저 선풍기를 제공할 것이라고 생각하겠지만, "고객보다 직원을 먼저 배려하면, 직원들도 고객을 배려한다"가 대니 마이어 회장의 생각이자, 이 책에서도 누차 강조하는 내용이다. 직원에 대한 배려가 더 좋은 제품과 서비스를 만들고, 결국에는 고객에 대한 환대로 이어지게 될 것이다.

고객과 직원들에 대한 자원 지원을 리더의 '업무'로 생각하지 않았으면 한다. 이런 리더의 의무는 업무가 아닌 '배려Hospitality'로 이해하는 것이 맞다. '지원Support'이 어떤 부족한 부분을 기술적으로 전달하는 것이라면, 배려는 그 노력을 전달받는 사람의 느낌과 감정을 중요시하는 것이다. 지원은 무엇을 어떻게 할 것인지 결정하고 일방적으로 그 기준을 정하는 반면, 배려는 받는 사람의 입장에서 모든 감각을 동원해 귀 기울이고 계속해서 생각하며 호의적으로 적절한 반응을 보여주는 것이다. 배려받는 직원들은 설사 그 문제가 완전히 해결되지 않더라도 리더의 그런 마음이 전해졌기에 만족하게 된다. 이것이 바로 많은 리더들이 놓치는 핵심이다.

경영자의 목소리: 필요 자원 지원

구성원이 일을 효율적으로 수행할 수 있도록 하기 위해서는 업무 협업, 상사에게서 자원을 확보하는 일, 고객과의 이슈 해결 노력 등을 리더가 해야 한다. 그 역할을 하기 위해서 리더가 그 자리에 있는 것이라고 생각한다. 인적 자원 지원도 필요한 경우 주변 팀이나 외부의 도움으로 해결하는 방안도 있을 것이다.

구성원의 목소리: 필요 자원 지원

"저희 부문장님은 평소에 어떤 어려움이 있는지 자주 물어보시고 잘 들어줍니다. 많이 지원해 주려고 노력하시는 듯합니다. 사실 본인이 해결할 수 없는 것들이 좀 많은 듯합니다. 상사나 회사에 요청을 해서 지원을 조금 더 확보해 주시면 좋을 듯한데 이 부분이 조금 약한 것 같습니다. 그래서 항상 우리 팀은 소외되고 있다는 생각이 듭니다."

- 30대 중반 Y 제약사 구성원

필요 자원 지원을 위해 리더가 해야 할 일

필요 자원을 지원하기 위해 리더가 해야 할 일을 3단계로 구분하고 있다. 아래 내용을 읽어 보길 바란다.

1단계: 당신이 해야 할 일을 명확하게 한 후 당장 할 수 있는 일과 자원을 확보해야 할 일을 구분해야 한다.

2단계: 구성원의 필요를 확인했으니 자원을 확보하기 위해서 해야 할 일을 생각해 보라. 리더로서 당신이 해야 할 세 가지 질문은 다음과 같다.

① 구성원의 필요를 지원하기 위해 상사의 지지가 필요하다. 상사의 지지를 위해서 나는 무엇을 해야 하는가?

② 구성원의 필요를 지원하기 위해 타부서의 지지가 필요하다. 협력 부서의 지원을 얻기 위해 내가 해야 할 일은 무엇인가?

③ 구성원의 필요를 지원하기 위해 고객의 지지가 필요하다. 고객의 관심과 배려를 확보하기 위해 내가 해야 할 일은 무엇인가?

3 단계: 구성원에게 자원 지원에 대해서 명확하게 설명해 주고 통보해 줘야 한다. 파악한 내용을 토대로 리더로서 했던 고민은 무엇인지, 어떤 노력을 했는지, 그리고 어떻게 지원할 것인지에 대해서 명확하게 설명해 주어야 한다. 다시 한번 강조하지만, 리더가 모든 문제를 해결해 줄 수 없다. 위 '구성원의 목소리'에서 리더의 잘못은 '해결해 주지 못한 것'이 아니라, '왜 해결해 줄 수 없는지를 제대로 이해시키지 못한 것'이다. 신이 아닌 이상 한정된 자원에서 모든 문제를 리더가 100% 해결해 줄 수는 없다. 구성원들은 나만 소외받고 있다는 '느낌'을 받고 있다는 것을 잊지 말아야 한다.

리더로서 필요한 자원 지원해 주기

예시 Sheet

상사의 상사	협력 부서와의 관계	고객과의 관계
• 인도네시아 생산 안정화를 위해 영향력 있는 한마디, 메일 부탁드립니다. (필요시엔 출장 포함) • 조금만 부드러워지셨으면 합니다. (응원의 한마디) • 계획적인 술자리 부탁드립니다. (급작스러운 호출 자제)	〈생산 부서〉 • 영업–생산 간 주요 의사 결정사항 • 생산/영업 업무 기준 협의 • 개별 스타일 별이 아닌 전체적 문제 이슈 〈생산 지원 부서〉 • 영업에서 생산 법인에 모든 지원이 불가능하니 유관 부서 차원에서 지원 협조 〈전체 부서〉 영업팀에서는 오티에 대한 모든 일을 처리한다고 생각합니다. 명확한 지원 부서의 R&R을 통해 보다 핵심 업무에 집중할 수 있게 해주세요.	• 중장기 계획/방향 담당자들과 공유 • 주요 사항 공유 • 각 담당자들에 대한 피드백 공유 • 무리한 요구, 업무에 대해 커버

실습 Sheet

상사의 상사	협력 부서와의 관계	고객과의 관계

지난 시간 동안 무엇을 생각했는가?

생각해 보기   **Think Wise**

동기 부여와 실행력을 중심으로 다양한 대화를 했고, 다양한 실습과 현업 활동을 진행했다. 당신에게 가장 도움이 되었던 활동은 무엇인가?

당신이 가장 기억에 남는 것은 무엇인가?

If you don't write it down, it doesn't exist.

아무리 좋은 혁신 활동이라도 지속되지 못하고 실패하는 가장 큰 이유는 그 변화 자체의 문제라기보다는 그 변화의 유지가 더 힘들기 때문이다. 좋은 변화라고 일부 구성원들이 느꼈음에도 곧 그 장점은 사장되기 시작하면서, 실행 중단을 그 변화 자체의 문제로 돌려버리기 때문이다.

변화의 지속성을 유지하기 위해서는 다음 세 가지 리더의 노력이 필요하다.

첫째, 지속적인 대화의 선순환을 형성해야 한다. 변화의 효과에 대해 조직 내에 일정한 담론이 유지되면서 그 변화에 대한 흐름이 유지되도록 관리해야 한다. 구성원들의 실행에 대해 지속적으로 피드백을 주고 의미를 형성해 주어야 한다. 특히 강조해서 유지해야 할 점은 문서화를 통해 기록하고, 기록된 의미들이 지속적으로 확인될 수 있도록 해야 한다.

둘째, 해당 변화에 대한 리더의 긍정 리더십이 필요하다. 가능성에 대한 신념을 구성원들에게 보여주고, 변화 참여자들에게 무조건적인 긍정적 존중이 표시되어야 한다. 아무리 좋은 의도로 실행한 구성원의 행동이라고 할지라도, 리더나 선배들이 '대체 왜 그런 행동을 하는 거야'라는 식의 피드백은 실행의 불꽃을 금세 사라지게 한다. 이런 리더의 긍정 리더십은 위에서 언급한 대화를 통해 주로 강화된다. 비록 조직 내에 해당 변화에 대한 갈등이 있더라도 지속적으로 전체 구성원들과 긍정적인 대화를 이어가야 한다.

마지막으로, 긍정적인 조직을 만들어 가야 한다. 실행된 변화를 조직의 비전과 공유된 목표와 이어주려는 노력이 프로세스화되어야 한다. 참여를 독려할 수 있는 조직, 담당자, 우리만의 제도 등 리더 개인의 창의성이 충분히 발휘되어야 하는 단계이기도 하다. 이런 변화의 내재화는 결코 우리의 상사나 인사팀, 혹은 외부 컨설턴트가 이루어 줄 수 없는 것이라는 것을 깊이 인식해야 한다.

중동에는 새로운 왕이 즉위하면 그 이름을 따 새로운 대학교를 설립한다고 한다. 그러니 지속성 있게 투자되고 관리되는 세계적인 대학이 나오기는 어렵다고 한다. 우리나라 교육 제도도 같은 이유로 많은 비판을 받고 있는 것이 사실이다. 리더들은 같은 실수를 자신의 조직 내에 범하고 있는 것은 아닌지 냉철하게 점검해 봐야 할 것이다.

20 년 월 캘린더

내가 관심을 가지고 해야 할 일

언제 할 것인가

일(日)	월(月)	화(火)	수(水)	목(木)	금(金)	토(土)

누구나 한번은 리더가 된다

20 년 월 캘린더

내가 관심을 가지고 해야 할 일

언제 할 것인가

일(日)	월(月)	화(火)	수(水)	목(木)	금(金)	토(土)

20 년 월 캘린더

내가 관심을 가지고 해야 할 일

언제 할 것인가

일(日)	월(月)	화(火)	수(水)	목(木)	금(金)	토(土)

아래의 글을 읽고 다시 한번 질문에 답해 보자.

생각해 보기   **Think Wise**

"뛰어난 성과를 내는 사람들은 자신의 성과 그 자체로부터 동기

부여를 받는다. 하지만 이들도 다른 사람들의 짐까지 부담하게

되면 좌절감을 느낀다."

－짐 콜린스(Jim C. Collins III)

일을 잘 처리한다는 이유로 고성과자에게만 더 많은

일을 부여하고 있지 않은가? 내가 일을 분해하는 기

준은 무엇인가?

If you don't write it down, it doesn't exist.

아래의 글을 읽고 다시 한번 질문에 답해 보자.

생각해 보기   **Think Wise**

"리더는 선수가 오로지 야구에만 집중할 수 있도록 조건을 만들어 주어야 한다. 화살이 날아오면 화살을 막아주고, 창이 날아오면 창을 막아주어야 한다. 리더라면 부하의 짐을 나눠 지는데 그치면 안 된다. 그 사람의 짐을 다 들어줄 마음이 있어야 한다."

- 김성근 감독

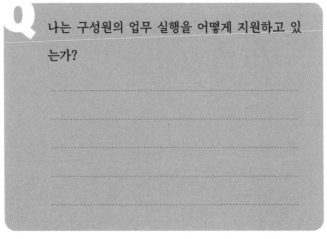

Q 나는 구성원의 업무 실행을 어떻게 지원하고 있는가?

If you don't write it down, it doesn't exist.

메모하기   Take Note

If you don't write it down, it doesn't exist.

리더십 다이어리를 덮으며

한 대기업이 조직 내 수백 명에 달하는 리더들을 대상으로 대폭적인 리더 육성 계획을 발표했다. 새로운 시작을 기념하기 위해 최고 경영층의 인상적인 연설을 포함해 여러 행사가 열리고, 리더들에게는 커다란 바인더와 팸플릿, 영상 등을 선사한다. 그런 다음, 그 자료들은 먼지만 뒤집어쓴 채 책꽂이에 고이 모셔지는 신세로 전락한다. 이러한 변화를 과연 성공이라 말할 수 있을까? 아마도 변화를 위해 기업이 실시하는 대부분의 다른 노력과 마찬가지로 만족스럽지 못한 결과를 가져오게 될 것이다.

리더십 개발 과정이 조직 문화에 신중하게 동화되지 못하거나 조직 DNA의 일부가 되지 못한다면, 이 다이어리 역시 선반 위에서 먼지를 뒤집어쓴 채 잠자게 될 또 다른 서류 뭉치의 하나에 지나지 않을 것이다.

일본의 유명한 잡지 〈세카이〉의 초대 편집장이자 이 잡지의 이념을 세운 요시노 겐자부로吉野源三郎는 "편집자는 24시간 저널리스트여야 한다"고 말했다고 한다. 물론 직접 취재를 한다는 의미가 아니라, 어떤 문제를 포착할지, 그걸 어떤 기자에게 쓰게 하면 가장 좋은 지면을 만들 수 있을지를 고민하는 데 24시간을 보내라는 의미였다고 한다. 이 다이어리는 여러분들에게 이런 의미가 되었으면 한다. 늘 리더의 몸과 정신과 함께하면서 직접 조직 내 모든 일을 다 해내는 것이 아니라, 어떤 문제를 포착해서 해결할지, 또 어떤 직원들을 어떤 방법으로 성장시키고, 조직 성과 극대화를 위해 누구에게 그 일을 맡길 것인지를 고민하는 절실한 고민의 기록이 되기를 희망한다. 그리고 나와 직원 그리고 회사 모두의 성장과 같은 길을 걷는 과정을 묘사한 역사의 기록이 되기를 희망한다.

동기 부여와 실행력이라는 리더상의 키워드가 조직 DNA로 동화되기 위해서는 우리 모두의 노력이 필요하다. 리더는 지속적으로 모니터링하고 그 결과를 실행해 나가야 할 것이다. 또 절박한 고민의 과정과 소통의 과정을 통해 구성원들의 실행을 촉진해야 할 것이다. 이런 과정을 통해 다음 후배들이 리더가 될 때 이 다이어리의 참 의미를 고스란히 전수해 주어야 한다.

이 다이어리를 덮더라도 아래 세 가지 노력을 꾸준히 하길 바란다.

① 심리학에 대한 관심을 가져라.

스킬로서의 심리학이 아니라, 성찰과 고민으로서의 심리학 학습이 리더에게 필요하다. 이제는 이런 리더의 학습이 회계팀 구성원들이 관리회계와 재무회계를 공부하고, 법무팀에서 관련 법규를 학습해야 하는 것과 같은 필수 요소가 되었다. 학습을 통해 획득한 지식을 실제 리더십 상황에서 경험하는 사례를 통해 성찰하지 않으면 당신의 리더십은 점점 더 힘을 잃어갈 것이다. 이를 위해서는 '생각에 관한 생각(대니얼 카너먼)', '파는 것이 인간이다(대니엘 핑크)', '관계의 본심(클리포드 나스 외)' 등의 책을 추천한다.

② 변화에 대한 민감성을 강화 시키도록 연습해야 한다.

감자는 해발 4,800미터를 넘나드는 페루에서 약 8,000~1만 년 전부터 재배되었다. 페루인들에게 감자는 특별하게 인식되고 있는데, '신이 주신 영광'이자 '생명의 원천' 혹은 '안데스의 성스러운 산과 어머니 지구가 품어낸 선물'로 칭송되고 있다. 이런 토착 감자는 기온 변화, 병충해 등으로 입지가 적어지는 중에도 그 종류가 4,500가지나 된다고 하니 놀라운 일이 아닐 수 없다. 한 가지, 한 가지 종류가 각각의 지역과 기후에 적응할 수 있는 기능성을 갖고 재배되고 있기 때문이다.

감자의 증조할아버지로 불리는 '이까울레'종은 1만 년 전부터 존재해 기후 변화에도 살아남았다. 물론 우리 세대가 먹고 있는 감자와는 많이 다르다. 추위에 잘 견디는 감자는 '삐냐사'로 꽁꽁 얼어붙는 날씨에서도 생명력이 무척 강하다. 정글은 물론 아르헨티나 북쪽 지역까지 재배할 수 있는 적응력이 뛰어난 '빠빠 꼼피스'종은 꾸준히 잘 재배되어 농부들이 가장 좋아하는 종이다. 병충해에 잘 견디는 종은 '축요 빠기', 기후 변화에 강한 종은 '루끼'와 '꾸띠', 재배가 잘 되는 종은 '막띠요', '볼리', '꾸시', '우아이로', '수이뚜' 등이 대표적이다.

우리는 수십 년간, 모든 비즈니스에 종사하는 사람들은 정장을 입어야 한다는 믿음을 가지고 일해왔다. 우리 리더들 중에는 감자는 이 세상에 단 한 가지 종만 존재한다는 믿음, 비즈니스 종사자들은 꼭 정장만을 입어야 한다는 믿음을 가지고 리더십을 발휘할 수도 있다. 하지만 리더십을 고민하고 예측하며 올바른 길을 생각해 보는 이 시점에, 과연 미래에 어떤 리더들이 결국 생존하게 될 것인지 생각해 봐야 한다.

③ 과거 지향적인 대화보다는 미래 지향적인 대화에 주력해야 한다.

이 부분에 대해서는 연기자 윤여정에 대한 인터뷰 기사 중 일부로 대신한다.

"(인터뷰) 녹취를 풀다가 놀랐다. 그의 이야기를 받아 적으니 그대로 문장이 된다. 구어를 문어로, 비문을 정문으로 바꾸는 작업이 필요 없다. (중략) 나이가 들면 '꼰대'라는 용어가 따라온다. 그럼에도 그에 대한 두려움은 (그녀에게) 없어 보인다. "저는 이미 꼰대죠. 나이 칠십이 된 여자가 꼰대가 아니라면 이상한 거 아니겠어요? 현장에서 저의 미션은 제가 해야 할 일을 끝내는 거에요. 그러기 위해서 쓴소리도 하죠. 그리고 지금은 이러나 저러나 꼰대 소리를 들어요." (중략) 그날 밤, 예능 프로그램 〈비정상회담〉에 윤여정이 출연했다. 역대 최고령 출연자였을 텐데, 각국의 비정상과 스스럼없이 어울렸다. 그녀가 건넨 고민은 '꼰대가 되는 것'이었다. 아마 꼰대라고 해도 그녀는 선선하게 받아들였을 것이다. 거기 모인 출연자도 시청자도 알았다. 그녀는 과거의 영광에 사로잡힌 꼰대가 아니라, 오늘의 충만함을 즐기는 인생의 선배라는 걸."

과거의 경험에 기반하여 생각하고 말하는 리더가 아닌 미래를 생각하고 미래 지향적인 대화를 할 수 있는 리더가 되어야 한다.

동기 부여

리더에 의한 구성원의 동기 부여를 말한다. 리더는 먼저 스스로 동기 부여되어야 하며 구성원을 동기 부여시켜야 한다. 따라서 동기 부여시키는 리더란 미래에 대한 간절한 꿈과 미션을 구성원과 공유하고 조직에 에너지를 불어넣고 구성원을 존중하며 자발적인 참여를 유도하고 구성원의 강점을 발전시켜 성장시키는 리더를 말한다.

일의 의미

정확하게 표현하자면 구성원들에게 일에 대해 의미를 부여하는 것이다. 일이 작든 크든 그 일이 가지는 의미를 설명하고, 비자발적 동의가 아닌 자발적 동의를 구하고, 지지를 얻어내는 것을 말한다. 구성원이 어떤 일을 할 때 그 의미를 발견하게 돕고 따라서 그 일에 헌신하고 몰입하게 돕는 것을 말한다.

골든 서클

〈나는 왜 이 일을 하는가?〉의 저자이자 미국의 경영 전문가인 사이먼 사이넥이 사용한 개념으로 일을 하는 신념, 목적, 가치를 명확하기 위해서는 '왜(Why)', '어떻게(How)' 일하며 '무엇을(What)' 하는지 명확히 해야 한다는 개념이다.

조직의 미션

'사명'의 동의어로 존재의 이유를 설명하는 단어이다. 크게는 우리 조직이 사회와 세상에 존재하는 이유를 말하고 작게는 우리 부서가 회사에 존재하는 이유를 말한다.

업무 비전 제시

'액자 속 허울 좋은 문구' 정도의 비전을 말하지 않는다. 리더로서 나의 업무 비전과 가치부터 먼저 정립하고 소속 부서의 비전과 가치를 명확하게 인식하는 것을 말한다. 그리고 소속 부서의 비전을 정립하는 과정에서 부서 구성원들을 참여시켜야 하며 구성원들의 동의와 공통의 합의가 이뤄진 비전을 쉬운 논리로 전파하는 행동까지 포함한다.

강점 파악

구성원들을 적재적소에 배치해 모두가 잠재 능력까지 발휘할 수 있도록 돕는 것을 말한다. 또한 구성원의 장점을 생산성과 성과로 연결하고, 그 사람의 약점을 중화하는 것이다

자율적 업무 분위기

자율(Autonomy)의 사전적 정의는 '타인의 지배나 구속을 받지 않고 자기 스스로의 원칙에 따라 어떤 일을 하는 것'이다. 따라서 자율적으로 일한다는 것은 ① 타인의 지배나 구속은 없어야 하고, ② 스스로의 원칙은 있어야 하며, ③ 이런 상황에서 어떤 일을 해낸다는 것이다.

실패

실패는 반복되는 실수가 아니다. 실패란 도전하고 노력하는 과정에서 우리

가 모든 결과를 최상으로 만들지 못한 것을 말한다. 따라서 실패는 감추는 것이 아니며 학습과 성장의 기회를 제공하는 것을 말한다.

실행력

리더에 의한 구성원의 실행력 유지와 강화 그리고 실행력 저하를 막는 것이다. 곧 조직의 구성원들이 '세밀하게 실행하고 관리하여 성과를 창출하는 사람'이 될 수 있도록 돕는 것이다. 또한 주인 의식을 가지고 협업과 소통을 통하여 일관된 방향으로 목표를 실행해 가는 것을 포함한다.

핵심 업무

일의 맥락을 정확히 이해했을 때 핵심이 되는 업무를 말한다. 또한 그 업무에 집중했을 때 더 큰 효율과 효과로 이어지는 업무를 나타낸다.

부가 업무

뚜렷한 이유 없이 전통적으로 관습적으로 해오던 업무를 말하며 제거하거나 축소 혹은 이관해야 할 필요성이 있는 업무를 말한다. 또한 핵심 업무에 집중하는 것을 방해하는 요인이다

리스크

통제할 수 없는 외부 환경에 의해 발생하는 리스크가 아니라 일상적이며 리더 수준에서 체크 및 관리 가능한 것을 말한다.

누구나 한번은 리더가 된다

초판 1쇄 발행 2024년 7월 31일
초판 2쇄 발행 2024년 8월 26일

지은이 최익성, 박성우

편집 새섬
마케팅 총괄 임동건
마케팅 안보라
경영지원 임정혁, 이순미

펴낸이 최익성
펴낸곳 플랜비디자인

표지 디자인 스튜디오 사지
내지 디자인 새섬

출판등록 제2016-000001호
주소 경기도 화성시 동탄첨단산업1로 27 동탄X타워 A동 3210호

전화 031-8050-0508
팩스 02-2179-8994
이메일 planbdesigncompany@gmail.com

ISBN 979-11-6832-106-9 (03320)